COMPÉTENCES

EXPRESSION ÉCRITE

NIVEAU 1

Sylvie Poisson-Quinton

A1

Crédits photographiques

p.10 © AcuaO/Adobe Stock – **p.11** © athomass/Adobe Stock ; **p.11** © Sylvain/Adobe Stock ; **p.11** © yassmin/Adobe Stock ; **p.12** © LuckyImages/Adobe Stock ; **p.17** haut © Philippe Devanne/Adobe Stock ; **p.17** bas © andigia/Adobe Stock ; **p.18** © guas/Adobe Stock ; **p.22** © Oksana L/Adobe Stock P.23 © gauche Vladimir Mucibabic/Adobe Stock ; **p.23** © droite Paolo Gallo/Adobe Stock ; **p.25** © Catherine Clavery/Adobe Stock ; **p.26** © adrenalinapura/Adobe Stock ; **p.31** © elephotos/Adobe Stock ; **p.37** © litchi cyril/Adobe Stock ; **p.38** © dundanim/Adobe Stock ; **p.43** © Ekaterina Pokrovsky/Adobe Stock ; **p.47** © contrastwerkstatt/Adobe Stock ; **p.51** © martinhosmato83/Adobe Stock ; **p.52 g** © Tyzhnenko Dmitry/Adobe Stock ; **p.52 m** © pathdoc/Adobe Stock ; **p.52 g** © vgstudio/Adobe Stock ; **p.53 g** © bakharev/Adobe Stock ; **p.53 m** © ilcianotico/Adobe Stock ; **p.53 d** © bakharev/Adobe Stock ; **p.56** © nenetus/Adobe Stock ; **p.57** © Hummingbird/Adobe Stock ; **p.58** Les demoiselles de Rochefort 1967real Jacques Demy COLLECTION CHRISTOPHEL © Madeleine Films / Parc Film / Ciné Tamaris ; **p.60** © Noam/Adobe Stock ; **p.61 g** © Denis Makarenko/Shutterstock.com ; **p.61 m** ©MichaelTran/Gettyimages ; **p.61 d** ©StephaneCardinale/Gettyimages ; **p.63** ©スタジオサラ/AdobeStock ; **p.67** © aquaphoto/Adobe Stock ; **p.71** © h magdal3na/Adobe Stock ; **p.71** © b Pictures news/Adobe Stock ; **p.72** : de gauche à droite ; *Languedoc et Roussillon* Le Routard – avec l'aimable autorisation de Hachette Livre, © Hachette Tourisme / *Le Languedoc-Roussillon des origines à nos jours* de Marie Vallée-Roche – Éditions Ouest-France, 2012 / *Le Languedoc et le Roussillon... à pied – Autour des voies historiques®* – FFRandonnée 2017. ; **p.73** © marvic/Adobe Stock ; **p.74 g** aihumnoi/Adobe Stock ; **p.74** © d zera93/Adobe Stock ; **p.76** © g neirfy/Adobe Stock ; **p.76** © d Sergej Ljashenko/Adobe Stock ; **p.77** © Pius Lee/Adobe Stock ; **p.78** © Jacob Lund/Adobe Stock ; **p.80** © h Andreas P/Adobe Stock ; **p.83 h** © Marén Wischnewski/Adobe Stock ; **p.83 b** © fussergei/Adobe Stock ; **p.87 h** © ivan GraphiPhoto/Adobe Stock ; **p.87 b** © Gilles Paire/Adobe Stock ; **p.91** © MISHELA/Adobe Stock ; **p.97** © Gerisima/Adobe Stock ; **p.98** © Paolose/Adobe Stock ; **p.103** © Gamut/Adobe Stock ; **p.105** © Erica Guilane-Nachez/Adobe Stock.

Autres photos : droits réservés

Direction éditoriale : Béatrice Rego
Édition : Brigitte Marie
Marketing : Thierry Lucas
Illustrations : Stéphane Arnette
Mise en page couverture : Dagmar Stahringer
Mise en page : Domino
Enregistrements : Bund

© CLE International 2017
ISBN : 978-2-09-038194-8

AVANT-PROPOS

Cet ouvrage, consacré à l'**expression écrite**, suit les recommandations du Cadre européen commun de référence et s'adresse à des adultes ou grands adolescents après une soixantaine d'heures d'apprentissage du français. Il peut s'utiliser en classe, en complément du manuel de FLE habituel, ou en autoapprentissage, grâce aux corrigés en fin d'ouvrage et à la page « Bilan » qui se trouve à la fin de chaque unité.

Il correspond au niveau A1 et, en partie, au niveau A2 du Cadre européen commun de référence. Il prépare à l'épreuve A1 du DELF.

Une attention particulière a été portée à la question de l'orthographe : orthographe d'usage, orthographe grammaticale et passage de l'oral à l'écrit (phonie → graphie).

- Rappelons les **savoir-faire à acquérir** (approche fonctionnelle-notionnelle) pour ce niveau :
    1. Savoir remplir une fiche, laisser un bref message pour proposer quelque chose à quelqu'un (invitation, par exemple), pour demander quelque chose ou pour annoncer quelque chose.
    2. Écrire une carte, une lettre, un e-mail pour féliciter quelqu'un, accepter ou refuser une proposition, s'excuser, proposer un service, inviter quelqu'un chez soi, demander un renseignement.
    3. Décrire une personne (ses caractéristiques physiques, ses goûts, ses occupations) ; exprimer un jugement personnel sur quelqu'un.
    4. Décrire un lieu ; comparer deux lieux ; exprimer son opinion sur un lieu.
    5. Raconter un événement, une anecdote.

- **Organisation de l'ouvrage**

L'ouvrage comprend 5 unités, chacune centrée sur un ensemble d'objectifs fonctionnels précis. Chaque unité comporte 3 leçons, soit au total 15 leçons. À la fin de chaque unité, on trouvera une page « Ça se prononce comme ça mais ça s'écrit comment ? » (Phonie-Graphie) pour laquelle un lien vous guidera vers l'enregistrement correspondant et une page « Bilan » qui permet de faire le point sur ce qui a été acquis lors des 3 leçons.

En fin d'ouvrage, les corrigés des exercices (leçons et bilans) permettent à l'apprenant de contrôler lui-même sa progression.

- **La leçon**

Chaque leçon comprend 6 pages. Une stricte progression dans la difficulté des textes et des activités est toujours respectée.

– **la première page** propose une photo ou un dessin permettant d'introduire le thème. Il s'agit de faire réagir l'apprenant : à lui de commenter le plus librement possible ce document ;

– **la deuxième page**, *OBSERVEZ*, comprend des documents brefs. Tâches à effectuer : observer, répondre à des questions, produire un écrit sur ce modèle ;

– **la troisième page**, *DES MOTS POUR LE DIRE*, propose des fiches de vocabulaire suivies d'activités et un point *ORTHOGRAPHE D'USAGE* assorti d'un exercice ;

– **la quatrième page**, *ET LA GRAMMAIRE ?*, présente deux ou trois difficultés grammaticales suivies d'activités et un point *ORTHOGRAPHE GRAMMATICALE* assorti d'un exercice ;

– **la cinquième page**, *OBSERVEZ, RÉFLÉCHISSEZ, RÉPONDEZ*, propose un document récapitulant les points abordés dans la leçon. Il est suivi d'activités de production guidée. Suit une rubrique *COMMENT FAIRE POUR…* proposant des conseils pratiques pour le passage à l'écrit ;

– **la sixième et dernière page**, *À VOUS D'ÉCRIRE*, cherche à favoriser une expression personnelle et à permettre de réutiliser tout ce qui a été appris dans la leçon. Une dernière rubrique, *Le Blog de Tania* a certes pour but de faire rêver un peu mais permet aussi à l'apprenant de travailler à la fois la compréhension écrite et l'expression écrite (en répondant aux questions sur le texte).

SOMMAIRE

UNITÉ 1   *J'ai quelque chose à vous annoncer*

LEÇON 1 : REMPLISSEZ UNE FICHE D'INSCRIPTION .... Page 6
OBJECTIFS FONCTIONNELS : Dire qui on est, dire ce qu'on fait, donner ses coordonnées.
GRAMMAIRE : Présent : *être, avoir, habiter, s'appeler, travailler* – Les pronoms sujets.
ORTHOGRAPHE : L'écriture des nombres (1) – Le pluriel des verbes.

LEÇON 2 : J'ARRIVE JEUDI .... Page 12
OBJECTIFS FONCTIONNELS : Annoncer quelque chose à quelqu'un (1) – Demander quelque chose à quelqu'un (1).
GRAMMAIRE : Présent : *venir, partir, prendre, pouvoir* – L'interrogation avec « est-ce que ».
ORTHOGRAPHE : La ponctuation (1) – Les verbes du 3ᵉ groupe.

LEÇON 3 : ON SE MARIE LE 16 .... Page 18
OBJECTIFS FONCTIONNELS : Annoncer quelque chose à quelqu'un (2) – Proposer quelque chose à quelqu'un (1) – Accepter une invitation (1).
GRAMMAIRE : Le présent : *faire, vouloir, répondre, se marier, aller* – Est-ce que ?/Qu'est-ce que ?
ORTHOGRAPHE : Majuscules, minuscules – Et/est – Son/sont – Ou/où.
PHONIE-GRAPHIE : Écriture du son [u]

UNITÉ 2   *J'aimerais venir avec vous mais c'est impossible*

LEÇON 4 : BRAVO, C'EST SUPER ! .... Page 26
OBJECTIFS FONCTIONNELS : Annoncer quelque chose à quelqu'un (3) – Féliciter quelqu'un.
GRAMMAIRE : Le présent – Les pronoms COD et COI.
ORTHOGRAPHE : L'apostrophe (1) – Les verbes *appeler, espérer* et *acheter*.

LEÇON 5 : TU VIENS DIMANCHE ? .... Page 32
OBJECTIFS FONCTIONNELS : Proposer quelque chose à quelqu'un (1) – Accepter une invitation (2) – Demander une information sur un lieu (1).
GRAMMAIRE : Le présent – Les trois formes de l'interrogation – L'impératif (1) – Aller/venir – Pouvoir/vouloir.
ORTHOGRAPHE : **m** devant **b**, **m** et **p** – Les verbes *commencer, manger, déménager, bouger*..

LEÇON 6 : DÉSOLÉ, JE NE PEUX PAS .... Page 38
OBJECTIFS FONCTIONNELS : Proposer quelque chose (2) – Répondre négativement à une proposition, à une invitation – S'excuser.
GRAMMAIRE : Le présent – La forme négative (1) – L'expression de la cause.
ORTHOGRAPHE : L'accent aigu – Les verbes en **-DRE** et en **-TRE**.
PHONIE-GRAPHIE : Écriture du son [j]

UNITÉ 3   *Elle est comment ?*

LEÇON 7 : JE SUIS GRANDE, BRUNE... .... Page 46
OBJECTIFS FONCTIONNELS : Demander un renseignement (1) – Expliquer quelque chose – Décrire quelqu'un (1).
GRAMMAIRE : La phrase négative (2) – Le futur simple.
ORTHOGRAPHE : L'accent grave – Le féminin des adjectifs (1).

LEÇON 8 : MOI, JE LA TROUVE TRÈS JOLIE ! .... Page 52
OBJECTIFS FONCTIONNELS : Décrire quelqu'un (2) – Exprimer son opinion sur quelqu'un (1).
GRAMMAIRE : Le pronom **ON** – La phrase négative (3) – La proposition complétive (1).
ORTHOGRAPHE : L'accent circonflexe – Le féminin des adjectifs (2).

LEÇON 9 : ELLE N'EST PAS MAL MAIS JE PRÉFÈRE SA SŒUR ! .... **Page 58**
OBJECTIFS FONCTIONNELS : Décrire quelqu'un (3) – Exprimer son opinion sur quelqu'un (2) – Comparer deux personnes.
GRAMMAIRE : La proposition complétive (2) – La comparaison (1).
ORTHOGRAPHE : Les mots invariables – Le pluriel des noms.
PHONIE-GRAPHIE : Écriture du son [s]

UNITÉ 4   *C'est un endroit fantastique !*

LEÇON 10 : À LOUER GÎTE TOUT CONFORT .... **Page 66**
OBJECTIFS FONCTIONNELS : Demander des renseignements sur quelque chose (2). Donner des renseignements sur quelque chose (1) – Donner son opinion sur quelque chose.
GRAMMAIRE : La proposition complétive (3) – La comparaison (2).
ORTHOGRAPHE : L'apostrophe (2) – La ponctuation (2) – Les homophones : orthographe de [se].

LEÇON 11 : EMBARQUEMENT IMMÉDIAT PORTE 26 .... **Page 72**
OBJECTIFS FONCTIONNELS : Demander des renseignements sur quelque chose (3) – Donner des informations sur quelque chose (2) – Décrire un lieu (1).
GRAMMAIRE : Le superlatif des adjectifs – Prépositions et noms de pays – Le verbe devoir.
ORTHOGRAPHE : Les accents (rappel)– *Quel, quelle, quels, quelles*.

LEÇON 12 : VIVE LES VACANCES ! .... **Page 78**
OBJECTIFS FONCTIONNELS : Décrire un lieu (2) – Comparer deux lieux. Exprimer son opinion sur un lieu.
GRAMMAIRE : La comparaison (3) – Le conditionnel de souhait – L'impératif négatif.
ORTHOGRAPHE : L'écriture des nombres (2) – L'impératif.
PHONIE-GRAPHIE : Écriture du son [ɑ̃]

UNITÉ 5   *Faits divers*

LEÇON 13 : JOURNÉE DE RÊVE OU DE CAUCHEMAR ? .... **Page 86**
OBJECTIFS FONCTIONNELS : Raconter quelque chose (1) – Se situer dans le temps (1) – Ordonner un récit (1).
GRAMMAIRE : Le passé composé (1) avec l'auxiliaire ÊTRE – La relation imparfait/passé composé – Les connecteurs temporels (1).
ORTHOGRAPHE : Les adverbes composés – L'accord du participe passé (1) avec l'auxiliaire ÊTRE.

LEÇON 14 : OU ÉTIEZ-VOUS LE 22 JUIN À 15 HEURES ? .... **Page 92**
OBJECTIFS FONCTIONNELS : Raconter quelque chose (2) – Se situer dans le temps (2) – Ordonner un récit (2).
GRAMMAIRE : Le passé composé (2) avec l'auxiliaire AVOIR – La formation du participe passé.
ORTHOGRAPHE : Les sons [f] et [k]. – L'accord du participe passé avec AVOIR.

LEÇON 15 : NOUVELLE ATTAQUE D'UNE PHARMACIE .... **Page 98**
OBJECTIFS FONCTIONNELS : Raconter un événement au passé – Préciser les circonstances d'un événement – Commenter quelque chose.
GRAMMAIRE : Le passé composé (3) : les verbes à double construction – Le plus-que-parfait.
ORTHOGRAPHE : Les adverbes en -MENT et -MMENT – Reprise des accords du participe passé.
PHONIE-GRAPHIE : Orthographe des mots homophones.

LEÇON 1

REMPLISSEZ UNE FICHE D'INSCRIPTION

OBJECTIFS FONCTIONNELS : Dire qui on est, dire ce qu'on fait, donner ses coordonnées.
LEXIQUE : L'état civil, la nationalité – L'aspect physique – Les nombres.
GRAMMAIRE : Présent : *être, avoir, habiter, s'appeler, travailler* – Les pronoms sujets.
POINT D'ORTHOGRAPHE LEXICALE : L'écriture des nombres (1).
POINT D'ORTHOGRAPHE GRAMMATICALE : Le pluriel des verbes.
COMMENT FAIRE POUR... (1) : Se présenter en quelques mots par écrit.

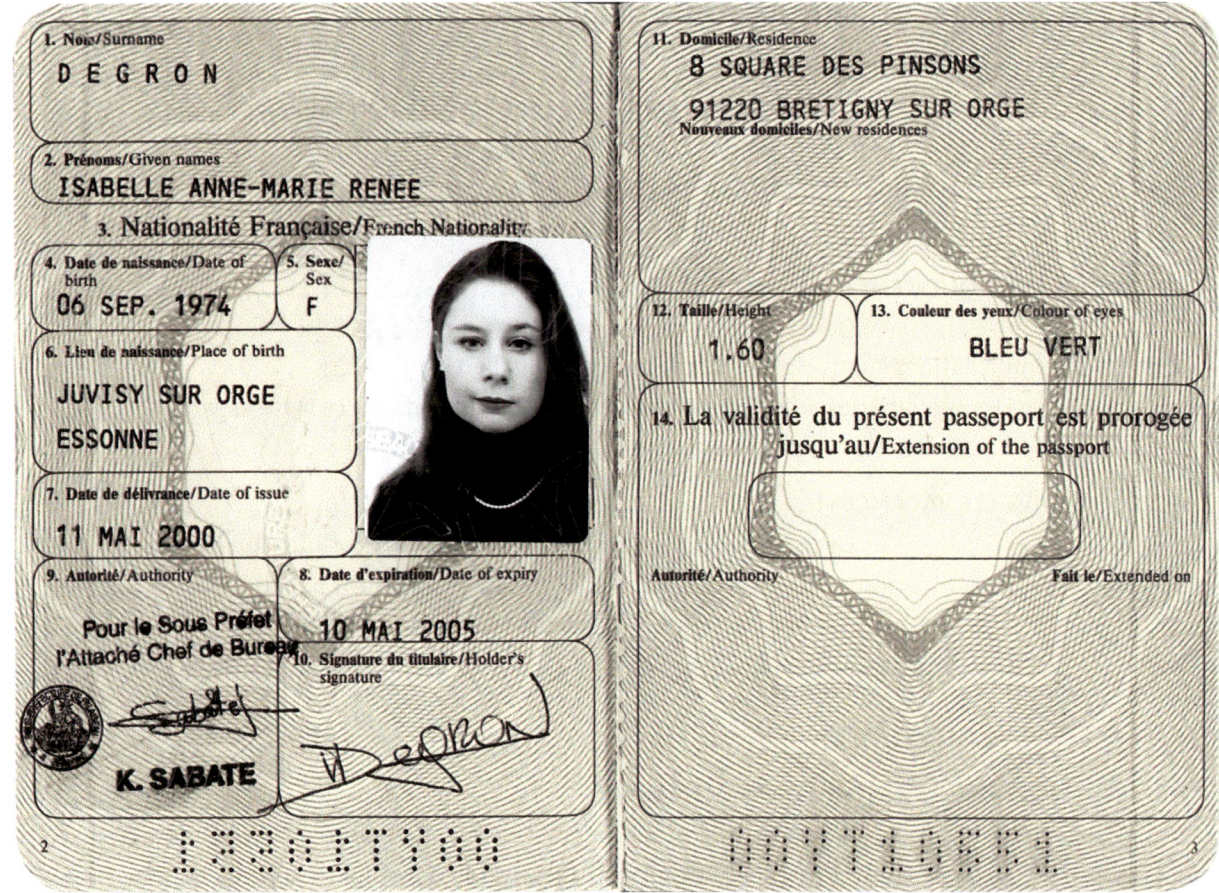

/// 1. C'est :
☐ a. un passeport
☐ b. une carte d'identité
☐ c. une carte d'étudiant

/// 2. La jeune fille s'appelle :
☐ a. Isabelle Anne-Marie
☐ b. Isabelle Degron
☐ c. Renée Degron

UNITÉ 1 /// J'ai quelque chose à vous annoncer

/// **OBSERVEZ**

- Sandrine Leroux va au 25ᵉ Salon de l'assurance. Voici son invitation.

INVITATION PROFESSIONNELLE

Nom : *LEROUX*   **Prénom :** *Sandrine*
Raison sociale : *AGF Assurances*
Adresse professionnelle : *100, rue de Richelieu*
Code postal : *75002*   **Ville :** *Paris*   **Pays :** *F.*
Tél. : *01 45 43 56 77 (poste 32 67)*   **Portable :** *06 45 43 52 57*
E-mail : *lerouxsandrine@yahoo.fr*

Un badge vous sera remis sur présentation de cette invitation.

Vocabulaire
- La **raison sociale**, c'est le nom et le domaine d'activité de l'entreprise.
- Sur un **badge**, il y a le nom de la personne et le nom de son entreprise.
- Le **poste**, c'est la ligne directe de téléphone.
- Le **fax** = la télécopie.

/// **3.** Vous travaillez à VVF Vacances. L'adresse de votre entreprise est dans le 19ᵉ arrondissement de Paris, 18, boulevard de la Villette.

- Pour entrer au Salon du tourisme, vous devez compléter cette invitation. Inventez votre identité.

INVITATION PROFESSIONNELLE

Nom : ....   **Prénom :** ....
Raison sociale : *VVF Vacances*
Adresse professionnelle : ....
Code postal : ....   **Ville :** ....   **Pays :** *F.*
Tél. : ....   **Fax :** ....
E-mail : ....

/// **4.** Il s'appelle Éric Latour. Il est avocat. Il travaille à Reims, 29, rue Émile-Zola. Le code postal de Reims est 51000. Son numéro de téléphone est le 03 56 89 16 10. Son e-mail est : elatour@noos.fr

- Complétez sa carte de visite.

Éric Latour

....

.... – 51000 – ....

Tél. : ....
E-mail : ....

UNITÉ 1 /// J'ai quelque chose à vous annoncer /// 7

/// **DES MOTS POUR LE DIRE**

Des noms

une femme – un homme – une jeune fille – un enfant – une petite fille – un petit garçon – le nom – le prénom – l'adresse – la ville – la rue – le boulevard – l'avenue – la place – la date de naissance – le lieu de naissance

Des verbes

s'appeler – être – avoir – habiter – travailler

Des adjectifs

blond(e) – brun(e)
grand(e) – petit(e)

Et le 0 ? Zéro

Des chiffres et des nombres

1 : un	11 : onze	21 : vingt et un	40 : quarante
2 : deux	12 : douze	22 : vingt-deux	50 : cinquante
3 : trois	13 : treize	23 : vingt-trois	60 : soixante
4 : quatre	14 : quatorze	24 : vingt-quatre	70 : soixante-dix
5 : cinq	15 : quinze	25 : vingt-cinq	80 : quatre-vingts
6 : six	16 : seize	26 : vingt-six	90 : quatre-vingt-dix
7 : sept	17 : dix-sept	27 : vingt-sept	100 : cent
8 : huit	18 : dix-huit	28 : vingt-huit	101 : cent un
9 : neuf	19 : dix-neuf	29 : vingt-neuf	200 : deux cents
10 : dix	20 : vingt	30 : trente	1 000 : mille

/// 5. Cherchez les noms pour le dire.

Elle a huit ans : c'est une .... Son .... est Élisa et son .... est Garaud.

Elle habite dans une très jolie .... : Aix-en-Provence. L'................................... d'Élisa est : 34, rue Paul-Cézanne, Aix-en-Provence.

/// 6. Cherchez les nombres pour le dire. Écrivez en toutes lettres.

Katarzyna est polonaise. Elle a **21 ans** (...................................) ; elle habite **81** (...................................), rue de Lyon. Elle habite avec une amie espagnole, Diana. Diana a **22 ans** (...................................).

Katarzyna a deux frères, Thomas, **19 ans** (...................................), et Franz, **16 ans** (...................................).

Orthographe d'usage

Il faut des tirets pour les nombres composés jusqu'à cent (36 : *trente-six*, 64 : *soixante-quatre*) **sauf avec ET :** 21 : *vingt et un* ; 31 : *trente et un* ; 41 : *quarante et un* ; 51 : *cinquante et un* ; 61 : *soixante et un* ; 71 : *soixante et onze*. **Mais** 81 : *quatre-vingt-un* ; 91 : *quatre-vingt-onze*.

/// 7. Écrivez.

17 : ....
34 : ....
46 : ....

78 : ....
89 : ....
69 : ....

UNITÉ 1 /// J'ai quelque chose à vous annoncer

/// ET LA GRAMMAIRE ?

1. Quelques verbes

ÊTRE	AVOIR	HABITER	S'APPELER	TRAVAILLER
je suis	j'ai	j'habite	je m'appelle	je travaille
tu es	tu as	tu habites	tu t'appelles	tu travailles
il/elle est	il/elle a	il/elle habite	il/elle s'appelle	il/elle travaille
nous sommes	nous avons	nous habitons	nous nous appelons	nous travaillons
vous êtes	vous avez	vous habitez	vous vous appelez	vous travaillez
ils/elles sont	ils/elles ont	ils/elles habitent	ils/elles s'appellent	ils/elles travaillent

Remarque :
Les verbes à la 1re personne du pluriel se terminent en -ONS (exception ÊTRE : *nous sommes*).
Les verbes à la 2e personne du pluriel se terminent en -EZ (exceptions ÊTRE : *vous êtes* ; DIRE : *vous dites* ; FAIRE : *vous faites*).

/// 8. Complétez avec le verbe qui convient :

a. Elle .... Karen Gillet. Elle .... vingt-quatre ans.
Elle .... à Aix-en-Provence. Les parents de Karen .... à Nice.
b. Medhi et Frank .... dix-neuf ans. Ils .... étudiants à l'université de Toulouse. Ils .... au McDo le week-end.
c. – Comment vous .... ? – Je ....

2. Les pronoms sujets

• **JE** – Si le verbe commence par une voyelle ou un h muet, **je → j'** :
Je suis japonaise. / J'ai vingt ans. – Je connais New York. / J'habite à New York.
• **NOUS** = je + tu ou je + vous ou je + il/elle ou je + ils/elles.
• **VOUS** peut être singulier (le *vous* de politesse) ou pluriel.
• **TU** s'utilise pour la famille, les enfants, les amis proches.

/// 9. Complétez avec le pronom sujet qui convient : je (j') – tu – nous – vous.

a. .... habites à Paris ?
b. .... êtes italiens ou suisses ?
c. .... suis coréenne.
d. Olga et moi, ... travaillons dans une banque.
e. Monsieur Latour, ... êtes avocat ?
f. .... ai 21 ans.

Point d'orthographe grammaticale

Attention aux verbes en **-ER** (ex. : *travailler*). On prononce exactement de la même façon les trois personnes du singulier et la 3e personne du pluriel. Mais à l'écrit, attention aux différences !

/// 10. Complétez si c'est nécessaire.

a. Tu travaille ....
b. Elles habite ....
c. Il s'appelle .... Pierre.
d. Ils travaille .... à l'aéroport.
e. Tu t'appelle .... comment ?
f. Nous habit .... à Bruxelles.

// **OBSERVEZ, RÉFLÉCHISSEZ, RÉPONDEZ...**

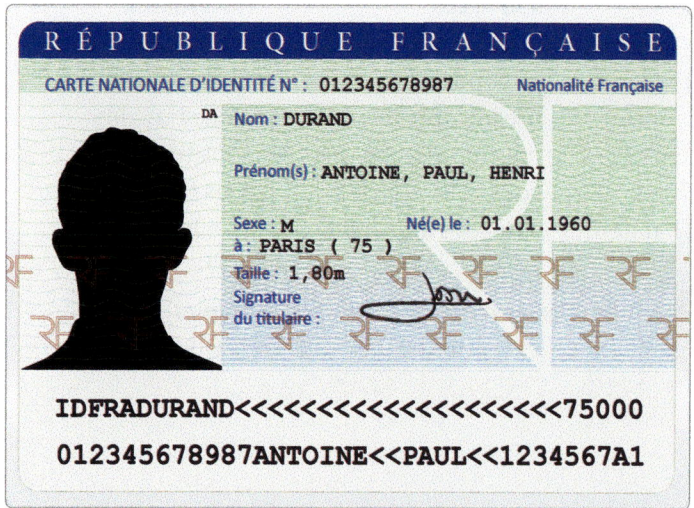

/// **11.** Regardez cette pièce d'identité et complétez le texte.

Antoine est un .... Il s'appelle .... Il est né .... à .... Il a .... ans. Il mesure .... Sa carte d'identité se termine le ....

/// **12.** VRAI – FAUX – JE NE SAIS PAS... Cochez la bonne réponse.

	Vrai	Faux	Je ne sais pas
a. Les passeports sont valables dix ans.	☐	☐	☐
b. À la date d'expiration, il faut refaire le passeport.	☐	☐	☐
c. Antoine Durand habite à Nantes.	☐	☐	☐

Comment faire pour... se présenter rapidement par écrit.

• Observez.

> Bonjour. Je m'appelle Quentin Duvernois, j'ai 22 ans, je suis étudiant en psychologie à l'université de Lyon-II.
> J'habite avec deux amis à Lyon. Le week-end, je travaille dans un restaurant. Je cherche un(e) amie irlandais(e) ou anglais(e) pour un échange de conversation anglais-français.

UNITÉ 1 /// J'ai quelque chose à vous annoncer

À VOUS D'ÉCRIRE

/// **13.** Cette dame s'appelle Anne Lambert. Imaginez sa vie.

....

....

/// **14.** Et vous, qui êtes-vous ? Présentez-vous ?

....

....

Le blog de Tania

J'ai pris une année sabbatique. Me voici libre pour une année entière. Douze mois, cinquante-deux semaines, trois cent soixante-cinq jours ! Je vais voyager partout !

Aujourd'hui, la Grèce.

Le Parthénon, c'est bien ! Mais il y a des milliers de touristes chaque jour. Je n'aime pas la foule mais j'aime le *street art*. Alors, à Athènes, je visite les quartiers de Psirri ou de Gazi. C'est un musée ouvert à tous et gratuit !

• Pourquoi Tania aime-t-elle le quartier de Psirri ?

....

....

LEÇON 2 — J'ARRIVE JEUDI

OBJECTIFS FONCTIONNELS : Annoncer quelque chose à quelqu'un (1) – Demander quelque chose à quelqu'un (1).
LEXIQUE : L'aéroport, la gare, le métro – La date, l'heure, le jour.
GRAMMAIRE : Présent : *venir, partir, prendre, pouvoir* – L'interrogation avec « est-ce que ».
POINT D'ORTHOGRAPHE LEXICALE : La ponctuation (1).
POINT D'ORTHOGRAPHE GRAMMATICALE : Les verbes du 3ᵉ groupe.
COMMENT FAIRE POUR... : Demander quelque chose à quelqu'un (1).

/// **1.** Où se passe la scène ?

....

/// **2.** Faites parler les deux personnages.

....

....

....

UNITÉ 1 /// J'ai quelque chose à vous annoncer /// 12

/// **OBSERVEZ**

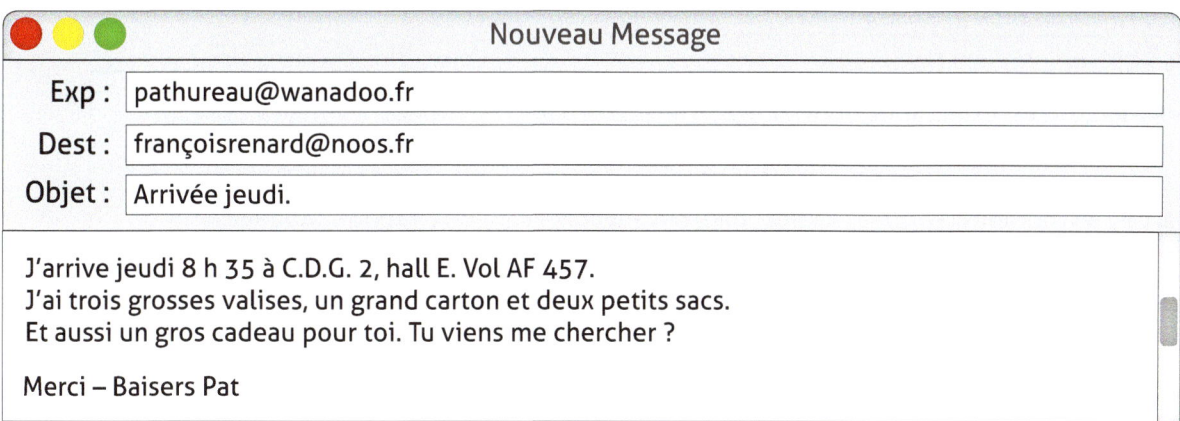

Nouveau Message

Exp : pathureau@wanadoo.fr
Dest : françoisrenard@noos.fr
Objet : Arrivée jeudi.

J'arrive jeudi 8 h 35 à C.D.G. 2, hall E. Vol AF 457.
J'ai trois grosses valises, un grand carton et deux petits sacs.
Et aussi un gros cadeau pour toi. Tu viens me chercher ?

Merci – Baisers Pat

Vocabulaire

une grosse valise — un grand sac — un petit sac — un gros cadeau

/// 3. Vous arrivez de Dakar dimanche à 6 h 20 (le matin). Aéroport d'arrivée : Bordeaux-Mérignac. Vous êtes avec un bébé et quatre grosses valises. Vous envoyez un e-mail « S.O.S. » à votre frère. Il habite à Bordeaux et il a une voiture.

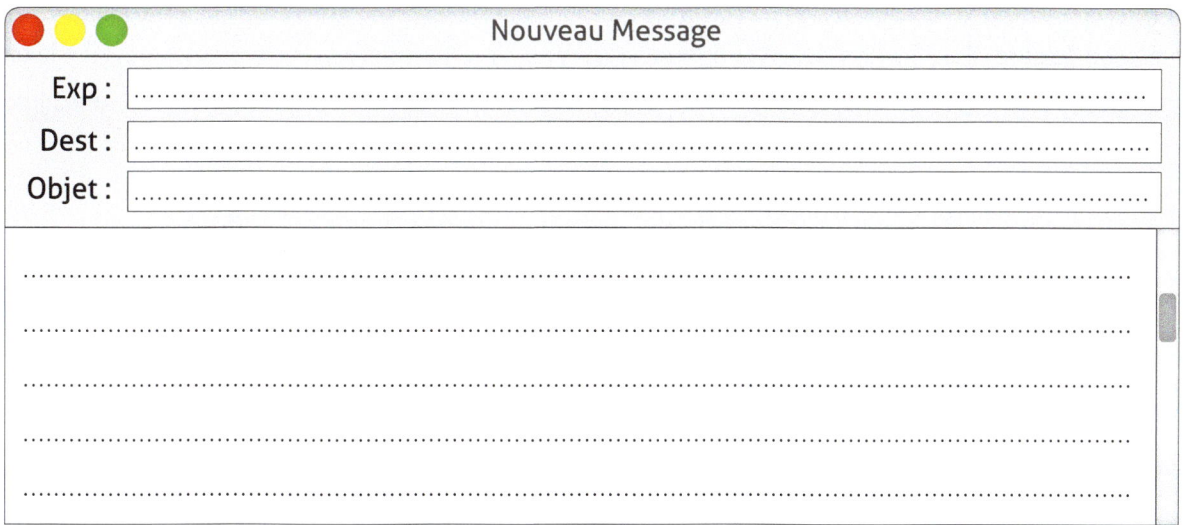

Nouveau Message

Exp : ....
Dest : ....
Objet : ....

....
....
....
....
....

/// 4. Avec ces éléments, faites une phrase complète.

a. arrivée mardi 12 – 21 h 45 – Roissy – hall D – 4 valises.

J'...

b. arrivée grand-mère, fatiguée – vendredi 2 – 13 h 50 – gare de Lyon – voie 13, voiture 18 – 2 valises + le chat

Mamie..

UNITÉ 1 /// J'ai quelque chose à vous annoncer /// 13

DES MOTS POUR LE DIRE

Des noms

un aéroport – un avion – un vol (A.F. 211) – une gare – un train – le RER – une voie – des bagages – un T.G.V. (train à grande vitesse) – un arrêt – l'arrivée – le départ – les horaires – lundi, mardi, mercredi, jeudi, vendredi, samedi, dimanche

Des adjectifs

gros, grosse
lourd, lourde
fatigué, fatiguée

Des verbes

arriver – venir – partir – aller
prendre – chercher – pouvoir

Des prépositions

à : j'arrive **à** 6h 20
j'habite **à** Bordeaux
de : je viens **de** Berlin
il arrive **d'**Amsterdam

/// 5. Cherchez les noms pour le dire.

a. Pour aller de Paris à .... Roissy-Charles-de-Gaulle, il faut prendre ....
à la gare du Nord.

b. Vous partez à Marseille ? C'est facile : depuis Paris, il y a douze .... et six vols par jour.

c. Départ pour Marseille. T.G.V. 2246, ... n° 11. Ce train est direct (sans ....)
jusqu'à Marseille.

/// 6. Cherchez les verbes pour le dire.

Gabriel habite à Caen, en Normandie. Il va voir ses cousins à Cannes, sur la Côte d'Azur.

a. Pour .... de Caen à Cannes, il faut .... un train Caen-Paris.

b. Gabriel .... à la gare Saint-Lazare.

c. À Paris, il change de gare : il .... à la gare de Lyon.

d. À la gare de Lyon, il doit .... un TGV pour Cannes.

Orthographe d'usage : la ponctuation

Une phrase commence par une lettre majuscule et se termine par un point :
- un point final — *Henri part dimanche à Istanbul.* — C'est une affirmation.
- un point d'interrogation — *Tu pars dimanche ou lundi ?* — C'est une question.
- un point d'exclamation — *Oh là là !!!!* — C'est une exclamation.

/// 7. Mettez des majuscules et des points (point final, point d'interrogation, point d'exclamation).

a. je vais à cannes et toi

b. je pars demain

c. oh là là viens vite

d. je vais très bien

e. comment ça va

f. quelle chaleur

/// ET LA GRAMMAIRE ?

1. Quelques verbes

VENIR	PARTIR	PRENDRE	ALLER
je viens	je pars	je prends	je vais
tu viens	tu pars	tu prends	tu vas
il/elle vient	il/elle part	il/elle prend	il va
nous venons	nous partons	nous prenons	nous allons
vous venez	vous partez	vous prenez	vous allez
ils/elles viennent	ils/elles partent	ils/elles prennent	ils/elles vont

Remarque :
Attention : *nous venons, vous venez* : un seul N – *ils viennent* : deux N
nous prenons, vous prenez : un seul N – *ils prennent* : deux N

/// **8.** Conjuguez le verbe entre parenthèses.

Demain, je *(partir)* .... pour Naples avec ma sœur Hélène et son fils. Nous *(prendre)* .... un vol Alitalia. L'avion *(partir)* .... de l'aéroport d'Orly à 7h15. Le vol *(être)* .... direct. Nous *(arriver)* .... à Naples à 9h15. Antonio et Paola *(venir)* .... nous chercher. Nous *(être)* .... très contents de voir Naples... et nos amis.

2. L'interrogation avec EST-CE QUE... ?

(Attention à l'orthographe : **est-ce que** en trois mots !)
On pose souvent une question seulement avec l'intonation : *Tu viens ? Ça va ? Vous êtes là ?*
On peut aussi poser une question avec « **Est-ce que... ?** » *Est-ce que tu viens ? Est-ce que vous êtes là ?*

/// **9.** Posez la question (avec « Est-ce que... ») qui correspond à la réponse.

a. ....? Non, je pars mercredi matin.
b. ....? Non, nous sommes canadiens.

Point d'orthographe grammaticale : VENIR, PARTIR, PRENDRE, POUVOIR

Au présent, les deux premières personnes ont la même orthographe, avec un **-s** ou un **-x** final. Mais la troisième personne s'écrit d'une autre manière, avec un **-t** ou un **-d** final.
Problème : phonétiquement, c'est la même chose.

je viens, tu viens – il vient	→ [viẽ]	je pars, tu pars – il part	→ [par]
je prends, tu prends – il prend	→ [prã]	je peux, tu peux – il peut	→ [pø]

/// **10.** Complétez par la lettre ou les lettres nécessaire(s).

a. Il par............. à 5 heures.
b. Je pren............. le bus pour aller travailler.
c. Tu vien.............?
d. Ils arriv............. demain.
e. Ils pren............. l'avion.
f. Carl vien............. me chercher demain ?
g. Non, il par............. à Londres demain.
h. Elles par............. en Italie.

OBSERVEZ, RÉFLÉCHISSEZ, RÉPONDEZ...

Nouveau Message

Exp :
Dest :
Objet :

Uppsala, jeudi 21/02

Mon cher Bernard.

Ça va ? Est-ce que les enfants sont en vacances ? Et toi ?

Ici, en Suède, il fait très froid : moins vingt degrés aujourd'hui. Et en France ?

Bonne nouvelle ! Je viens à Paris pour voir ma mère et les amis. Je prends deux semaines de vacances, je suis très très fatiguée. J'arrive à Roissy le 25 à 10 h. Est-ce que tu peux venir me chercher ?

Appelle-moi (00 46 18 356 547) ou envoie un e-mail (cderoche@noos.fr)

Bises à toute la famille
Chris

/// 11. Lisez deux fois cette lettre et répondez aux questions par OUI ou par NON. Justifiez votre réponse.

a. Est-ce que Chris est un homme ? .... parce que ....

b. Est-ce que Chris habite en Suède ? .... parce que ....

c. Est-ce que Bernard est le frère de Chris ? .... parce que ....

/// 12. Vous répondez à la lettre de Chris.
– Impossible le 25 février (vous travaillez).
– Vous êtes content de son arrivée.
– Vos enfants partent en vacances le 24 février.

Nouveau Message

Exp :
Dest :
Objet :

Chris,
je suis désolé mais le 25, je .... au bureau toute la journée.
Quand tu arrives à Paris, téléphone !
Anne et les enfants .... pour faire du ski. Moi, je ne pars pas, je travaille !
Bises. À bientôt. Bernard

Comment faire pour... demander quelque chose à quelqu'un.

- Familier : Tu viens me chercher ? Est-ce que tu viens me chercher ?
- Plus formel : S'il vous plaît, est-ce que vous êtes français ?

UNITÉ 1 /// J'ai quelque chose à vous annoncer

À VOUS D'ÉCRIRE

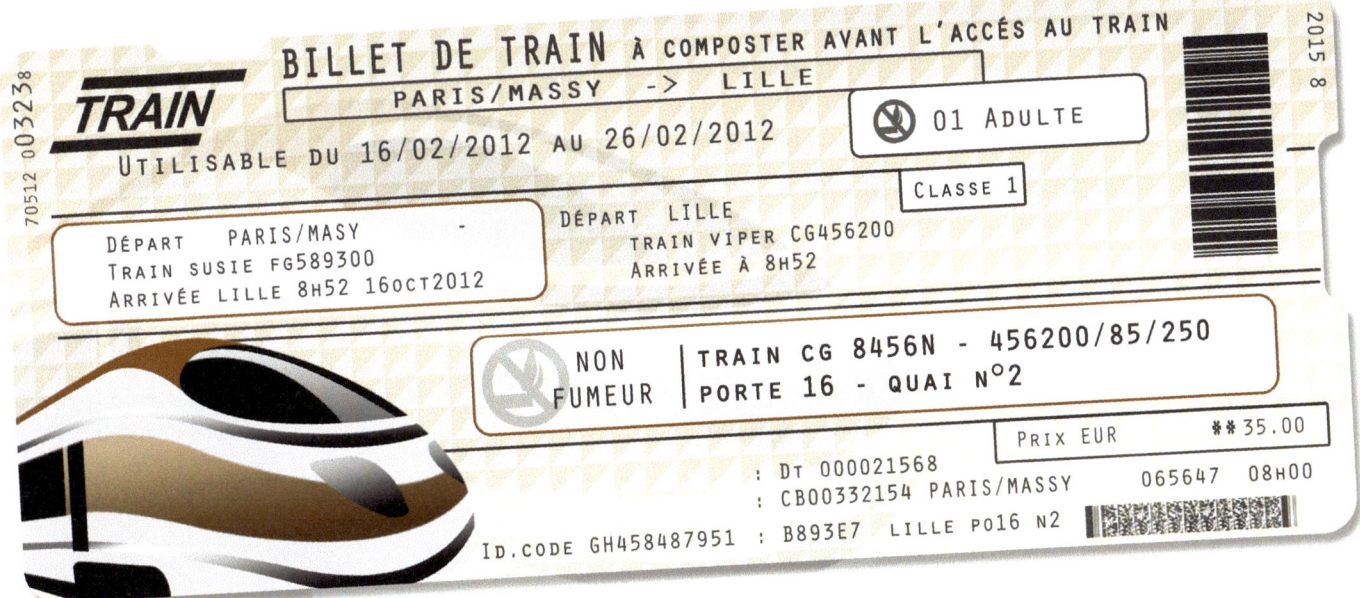

/// **13.** Voici le billet de train de Cécile.

Elle part de .... et elle va à ....

Elle part de la porte .... sur le quai ....

Le numéro de son train est : ....

/// **14.** Imaginez son voyage.

....
....
....

Le blog de Tania

Je suis au Pérou, dans un village près de Cuzco. J'ai regardé une femme faire une couverture. Quelle patience ! Pour tisser une couverture, il faut des mois et des mois de travail. Mais le résultat est magnifique.

- Cette femme péruvienne habite où ?

....

- Qu'est-ce qu'elle fait ?

....

UNITÉ 1 /// J'ai quelque chose à vous annoncer /// 17

LEÇON 3 — ON SE MARIE LE 16

OBJECTIFS FONCTIONNELS : Annoncer quelque chose à quelqu'un (2) – Proposer quelque chose à quelqu'un (1) – Accepter une invitation (1).
LEXIQUE : Les cérémonies – Les termes de parenté – Les moyens de transport.
GRAMMAIRE : Le présent : *faire, vouloir, répondre, se marier, aller* – *Est-ce que ?/Qu'est-ce que ?*
POINT D'ORTHOGRAPHE LEXICALE : Majuscules, minuscules.
POINT D'ORTHOGRAPHE GRAMMATICALE : *Et/est – Son/sont – Ou/où*.
COMMENT FAIRE POUR... : Annoncer quelque chose à quelqu'un.

Nous nous marions le 16.
Après, nous allons deux semaines en Grèce.

/// **1.** Que représente cette photo ?

....

/// **2.** Dans votre pays, on s'habille comment le jour de son mariage ?

....
....
....

OBSERVEZ

MARIAGE

Brigitte et Franck Dumais
Françoise et Jean-Christophe Bretonneau
ont le plaisir de vous faire part du mariage de leurs enfants

Chloé et Guillaume

et vous prient de bien vouloir assister à la cérémonie qui aura lieu
le 9 septembre 2017 à 17 heures en l'église Saint-François.
La cérémonie sera suivie d'une réception à partir de 19 heures.

Brigitte Dumais
3, square Victor-Cousin – 94200 Vincennes – bfdumais@wanadoo.fr

RSVP

/// 3. VRAI – FAUX – ON NE SAIT PAS... Cochez la bonne réponse.

	Vrai	Faux	On ne sait pas
a. C'est une invitation à un cocktail.	☐	☐	☐
b. Guillaume et Chloé se marient à l'église.	☐	☐	☐
c. La réception se passe chez les parents de Guillaume.	☐	☐	☐
d. Guillaume et Chloé habitent ensemble.	☐	☐	☐

/// 4. Rédigez un faire-part de mariage avec les indications suivantes.

Les mariés : Anne et Gabriel
Parents d'Anne : Dominique et Christian Petit
Parents de Gabriel : Élise Florin et Victor Nadaud
Date : 30 juin 2018
Lieux : – cérémonie : mairie de Troyes (16 heures)
– réception : salons Duval, 5, rue des Prés – Troyes
Adresse : 24, square Marcel-Proust (10000) Troyes

DES MOTS POUR LE DIRE

Des noms
la mairie – l'église – une réception – un cocktail – un faire-part – le mariage – la cérémonie

Des adjectifs
heureux, heureuse

Des verbes
se marier – faire part de – prier (de) assister à – pouvoir – vouloir – répondre

Des prépositions
à 17 heures – **à** l'hôtel Majestic – **dans** les salons de l'hôtel

/// 5. Cherchez les noms pour le dire.

– Ils vont d'abord à .... pour le mariage civil et après à .... pour le mariage religieux.

– Et après ...., qu'est-ce qui se passe ?

– Après, les parents organisent ....

/// 6. Cherchez les verbes pour le dire.

a. Si vous recevez un faire-part de mariage, vous .... par un petit mot ou un coup de téléphone.

b. Les parents des mariés vous .... d'assister au mariage de leurs enfants.

c. Lucie et Bertrand .... le 12 juin prochain. Est-ce que vous .... assister à leur mariage ?

d. – Lucie, ... prendre pour époux Bertrand ?

– Oui, je ....

Orthographe d'usage : majuscules et minuscules

• Une phrase commence toujours par une majuscule : *Demain, je vais au théâtre.*
• Il faut mettre une majuscule aux noms propres :
– avec les prénoms, les noms de famille : *Pierre-Yves Dujardin et Anne Van Dam vivent en Belgique.*
– les noms de lieu : *le Portugal, la Corée, l'Italie, les Pays-Bas, Chypre... ; la Seine, le Rhin... ; les Alpes, les Pyrénées... ; Paris, Lyon, Marseille... ; la rue Cler, l'avenue du Maine, la place de la Concorde.*
– les noms de peuples : *les Canadiens, les Suisses, les Écossais.*
Mais attention : *On parle **f**rançais, **i**talien, **a**nglais ;*
et : *Mes amis sont **i**taliens, ma cousine est **a**nglaise, mon voisin est **t**urc.*

/// 7. Mettez des majuscules où c'est nécessaire.

a. en suisse, on parle trois langues : l'allemand, le français et l'italien.

b. ma cousine habite en angleterre depuis dix ans ; elle est mariée avec un danois. leurs enfants parlent danois, français et anglais.

c. vous vous mariez à paris ou en bretagne ?

d. elisa et steve habitent rue de rome, à nice.

ET LA GRAMMAIRE ?

1. Quelques verbes

FAIRE	VOULOIR	RÉPONDRE	SE MARIER	POUVOIR
je fais	je veux	je réponds	je me marie	je peux
tu fais	tu veux	tu réponds	tu te maries	tu peux
il/elle fait	il/elle veut	il/elle répond	il/elle se marie	il/elle peut
nous faisons	nous voulons	nous répondons	nous nous marions	nous pouvons
vous faites	vous voulez	vous répondez	vous vous mariez	vous pouvez
ils/elles font	ils/elles veulent	ils/elles répondent	ils/elles se marient	ils/elles peuvent

Remarques :
1. Le verbe FAIRE est irrégulier : *vous faites – ils/elles font*.
2. Le verbe SE MARIER est pronominal. Attention : *nous **nous** marions, vous **vous** mariez...*

/// **8.** Conjuguez au présent le verbe entre parenthèses.

Nouveau Message

Grande nouvelle !
Ma sœur *(se marier)* .... le 10 août. Tu *(pouvoir)* ....
venir ? Mes parents seront très heureux si tu *(venir)* .... Ils *(faire)*
.... une fête dans leur maison à la campagne, près de Caen. Pour venir, c'est
facile : tu *(prendre)* .... le train et je *(venir)* .... te
chercher à la gare. Tu me *(appeler)* .... pour me dire l'heure de ton arrivée.
Ciao, Carine

2. Attention : ne confondez pas EST-CE QUE... ? et QU'EST-CE QUE... ?

Est-ce que vous parlez japonais ? Est-ce qu'il habite à Toulouse ?
Qu'est-ce que tu fais demain ? Qu'est-ce que vous mangez ?

/// **9.** Complétez avec « Est-ce que... » ou « Qu'est-ce que »...

a. .... tu veux pour ton anniversaire ? Des livres ? Un parfum ?
b. .... le docteur Galant est là aujourd'hui ? Je peux avoir un rendez-vous ?
c. .... tu vas à l'université demain ? Tu as des cours ?

Points d'orthographe grammaticale : certains mots se ressemblent beaucoup.

Attention à ne pas confondre :
- le verbe **avoir** : *il/elle **a*** et la préposition **à**.
- le verbe **être** : *ils/elles **sont*** et l'adjectif possessif **son**.
- **ou** (= ou bien) et **où** (pronom relatif ou interrogatif de lieu).

/// **10.** Entourez la forme correcte.

Marthe Marchand **a – à** le plaisir de vous faire part du mariage de **son – sont** fils Pierre avec mademoiselle Clara Santini et vous prie d'assister **a – à** la cérémonie en l'église Sainte-Marguerite **ou – où** à la réception qui suivra, **a – à** partir de 15 heures, dans les salons de l'hôtel de ville.

/////////////////////////////////////// OBSERVEZ, RÉFLÉCHISSEZ, RÉPONDEZ…

Nouveau Message

Exp :
Dest :
Objet :

Biarritz, mardi 15

Ma chère Pauline,
Qu'est-ce que tu fais le samedi 26 ? Tu es libre ? Oui ?
Alors, Patrice et moi nous t'attendons à la maison vers 20 h.
Pourquoi ? Devine !
Eh oui, on se marie ! On fait une petite fête seulement pour les très très vieux amis.
Appelle-moi. Je t'embrasse
Carole

Biarritz, mardi 15 mai

Mon cher Vincent,

Patrice et moi avons le plaisir de vous annoncer que nous nous marions le 26. Nous ne faisons pas de grande réception et nous avons passé l'âge des fêtes ! Mais nous serions heureux de vous avoir à la maison pour boire un verre un soir. Est-ce que vous êtes libre jeudi ? Ou bien vendredi ? Vers 19 h ?

Très amicalement
Carole

/// 11. Quels sont les points communs entre ces deux messages ?

a. Carole a écrit les deux messages.
b. ....
c. ....
d. ....

/// 12. Quelles sont les différences ?

a. ....
b. ....
c. ....

Comment faire pour… annoncer quelque chose à quelqu'un.

• Familier :
– J'ai une grande nouvelle à t'annoncer : je me marie !
– J'ai une nouvelle pour toi. Devine !
– Tu connais la nouvelle ? Carole et Patrice se marient enfin !

• Plus formel :
– Nous avons le plaisir de vous annoncer notre mariage.
– Est-ce que vous savez que Carole et Patrice se marient bientôt ?

À VOUS D'ÉCRIRE

/// 13. Vous êtes Vincent. Vous répondez à Carole. Complétez.

Bayonne, vendredi 18 mai

Ma chère Carole,

C'est avec beaucoup de .... que je réponds à .... Je vous présente tous mes vœux de bonheur. Nous avons .... l'âge des fêtes, c'est vrai, mais nous sommes toujours jeunes de cœur !

Je serai très .... de venir .... chez vous. Jeudi, c'est parfait.

Bien à vous,
Vincent

Le blog de Tania

Me voici à Rome. Comme tous les touristes, je mets la main dans la bouche de ce masque de pierre. Mais attention !
La "bouche de la vérité" coupe (ou mange) la main des menteurs !

- C'est dangereux de mettre la main dans la bouche de la statue. Pourquoi ?

....

UNITÉ 1 /// J'ai quelque chose à vous annoncer

PHONIE/GRAPHIE

🎧 http://competences.cle-international.com/

Ça se prononce comme ça, mais ça s'écrit comment ?

Vous entendez le son [u] en finale d'un mot. Ce son est facile à prononcer : il existe dans toutes les langues.
Mais il y a différentes manières de l'écrire. Bien sûr, [u] s'écrit toujours **ou**, mais s'il y a ensuite un -e muet ou certaines consonnes finales, on ne les prononce pas.

Récapitulons !

Le son **[U]** en finale peut s'écrire de différentes manières.
1. à l'écrit, le mot se termine par **-O-U** : *un caillou ; le chou ; le cou ; un fou ; un hibou ; le genou ; mou ; un pou ; un trou ; un sou...*
2. à l'écrit, le mot se termine par **O-U + e** muet : *la boue ; la joue ; la roue...*
3. à l'écrit, le mot se termine par **O-U + p** : *un coup* [ku] ; *un loup* [lu]
4. à l'écrit, le mot se termine par **O-U + s** : *des cous ; des fous ; ils sont mous ; des trous ; des sous ; nous ; vous ; sous ; dessous ; tous* [tu] *les jours...*
5. à l'écrit, le mot se termine par **O-U** ou **O-Û + t** : *le bout ; le goût ; tout* [tu] *le temps...*
6. à l'écrit, le mot se termine par **O-U + x** : **Attention**, certains mots ont un **-x** final au singulier et au pluriel : *doux ; roux ; le houx* ; d'autres au pluriel seulement : *les cailloux ; les choux ; les genoux ; les hiboux ; les poux...*

Attention !   Certains mots ont une orthographe et une prononciation complètement différentes :
Il a trop bu, il est saoul. (on prononce [su])
Ils ont trop bu, ils sont saouls. (on prononce [su])

Attention !   Ne confondez pas **ou** (ou bien) et **où** (vous habitez où ?)

/// 1. Complétez avec l'un des mots suivants : un coup – la joue – roux – doux – tout – tous – le Loup – où – fou – sous.

a. Il passe .... les jours .... les fenêtres de la femme qu'il aime.
b. Mes filles sont brunes, mais mon fils est .... comme moi.
c. Il est un peu .... : un jour, il est terriblement violent et le lendemain, il a .... oublié, il redevient .... comme un agneau.
d. Qu'est-ce que tu as sur .... ? Tu as reçu .... ?
e. Le .... et l'Agneau, c'est une fable de La Fontaine très célèbre.
f. Je voudrais bien savoir .... tu vas ce soir.

/// 2. Devinez. Les mots sont dans l'encadré "Récapitulons".

a. C'est un légume qui peut se manger cru ou cuit.
→ Le ....
b. On en a deux, une de chaque côté du nez.
→ Les ....
c. On dit que ce sont les Chinois qui l'ont inventée.
→ La ....

UNITÉ 1 /// J'ai quelque chose à vous annoncer

Bilan

À la fin de cette d'unité, vous savez comment faire pour :
- vous présenter : dire qui vous êtes, quel âge vous avez, où vous habitez, quel métier vous faites.
- annoncer quelque chose à quelqu'un.
- demander un service à quelqu'un.
- accepter une invitation.

Faites les exercices, vérifiez avec les corrigés, comptez vos points.
Si vous avez plus de 15, bravo ! De 10 à 15, ça va. Moins de 10, relisez donc les pages qui précèdent !

1. À partir de cette carte d'identité, rédigez quatre phrases pour dire qui c'est.   …/4

1. ....
2. ....
3. ....
4. ....

2. À partir de ces éléments, faites une phrase complète.   …/5
vol Air France n° 357 – départ : Copenhague, 11 h 45 – arrivée : Paris – CDG 2, 13 h 25 – Retard : 30 minutes.

....
....
....

3. Vous vous mariez le 12 octobre prochain. Vous écrivez à votre cousine pour lui annoncer votre mariage et pour l'inviter.   …/8

....
....
....
....
....
....

4. Écrivez en toutes lettres ces dates célèbres (en France).   …/3
a. 1615 : mort de Louis XIV : ....
b. 1789 : Révolution française : ....
c. 1871 : Commune de Paris : ....

UNITÉ 1 /// Rapporter des événements

LEÇON 4 — BRAVO, C'EST SUPER !

OBJECTIFS FONCTIONNELS : Annoncer quelque chose à quelqu'un (3) – Féliciter quelqu'un.
LEXIQUE : Les fêtes – Les cérémonies – Les examens, les diplômes.
GRAMMAIRE : Le présent – Les pronoms COD et COI.
POINT D'ORTHOGRAPHE LEXICALE : L'apostrophe (1).
POINT D'ORTHOGRAPHE GRAMMATICALE : Les verbes *appeler*, *espérer* et *acheter*.
COMMENT FAIRE POUR... : Féliciter quelqu'un.

/// **1.** Qu'est-ce qu'on annonce ?

....
....
....

// **OBSERVEZ**

Nouveau Message

Exp :
Dest :
Objet :

Bravo, ma chérie ! Merci d'avoir téléphoné pour nous annoncer la bonne nouvelle ! C'est vraiment gentil. Nous sommes très heureux de ton succès au bac.
Ton grand-père est fier comme un paon. Moi aussi, je suis fière de toi, mon trésor. J'espère que tu vas te reposer maintenant. Est-ce que tu pars en Italie avec ton amie Léa ? Si vous voulez venir à Grenoble, venez ! Nous vous attendons.
Voilà un petit chèque pour toi, ma chérie. Tu peux acheter ce que tu veux ou tu le gardes pour ton voyage si tu préfères.
Je t'embrasse fort, fort
Mamie Cécile

Vocabulaire
- être **fier** de quelque chose ou de quelqu'un (*fier comme un paon* : le paon est orgueilleux, fier de sa beauté).
- **ma chérie, mon trésor** : petits mots affectueux.

/// 2. Complétez les phrase suivantes.
a. La grand-mère écrit à .... Elle la félicite pour ....
b. Elle dit que son mari et elle sont tous les deux ....
c. Elle invite Karen et son amie Léa ....
d. Elle envoie à Karen .... pour .... ou pour ....

/// 3. Karen écrit un message à sa grand-mère pour la remercier pour le chèque. Elle annonce qu'elle arrive à Grenoble le 16 juillet avec Léa. Elles vont rester trois jours à Grenoble et partir en Italie le 20. Rédigez le message.

Nouveau Message

Exp :
Dest :
Objet :

Ma chère Mamie,

....
....
....
....

Karen

UNITÉ 2 /// J'aimerais venir avec vous, mais c'est impossible

DES MOTS POUR LE DIRE

Des noms
une nouvelle, une bonne nouvelle – un succès – le bac (baccalauréat) – un chèque – un voyage

Des adjectifs
être fier, fière de qqch, de qqn – orgueilleux, orgueilleuse

Des verbes
téléphoner à qqn – se reposer – attendre qqch ou qqn – espérer qqch – acheter qqch – préférer – savoir

Des « mots-phrases »
merci
bravo

/// 4. Cherchez les mots (noms, adjectifs ou verbes) pour le dire.

a. Karen, n'oublie pas de .... à ta grand-mère pour lui annoncer ....

b. Avec le chèque, Karen peut .... quelque chose ou elle peut le garder pour son .... en Italie.

c. Les grands-parents sont très .... de Karen.

/// 5. Reliez.

a. Voilà un petit chèque pour toi, ma chérie.   •   • 1. Oui, avec plaisir.
b. Tu as écrit à ta grand-mère ?   •   • 2. Bravo, ma chérie !
c. Bonne nouvelle ! J'ai le bac !   •   • 3. Merci beaucoup.
d. Vous venez quelques jours à Grenoble ?   •   • 4. Oui, hier.

Orthographe d'usage : l'apostrophe

Devant une voyelle (a, e, i, o, u) ou devant le h muet, certains mots perdent leur voyelle finale.

- les articles **le** et **la** — l'amour, l'arbre, l'ami, l'élève, l'or, l'usage ; l'hiver, l'homme, l'humour... l'arrivée, l'amie, l'école, l'ombre, l'université ; l'horreur, l'humeur...
- les pronoms **je, me, te, le, la, se** et le pronom **ce** — J'aime Valérie, je l'adore ! Il s'appelle Ben. Et toi, tu t'appelles comment ? C'est moi ! C'est vrai.
- le **que** relatif et le **que** conjonction — C'est un livre qu'elle connaît bien. Je crois qu'il est là.
- la préposition **de** : Le cousin d'Olga est arrivé d'Ukraine un soir d'hiver.
- la négation **ne** — Je n'ai pas vu Henri. Il n'est pas là.

Attention :
- Certains mots commencent par un h aspiré. En ce cas, il n'y a pas d'apostrophe et pas de liaison :
le haricot, les haricots [leariko] – le héros, les héros [leero] – la Hollande [laollãd].
- le relatif **qui** ne s'apostrophe jamais ; il reste toujours *qui*.
- **si + il → s'il**, mais **si + elle → si elle**

/// 6. Barrez les voyelles et mettez l'apostrophe où c'est nécessaire.

Hier, je ai vu un film de amour. Le héros était un homme qui était malade. Il aimait une fille que il avait rencontrée à la université.
Elle ne savait pas que il était très malade, il ne lui avait rien dit. Elle est venue le voir et elle le a trouvé changé, le air fatigué...

UNITÉ 2 /// J'aimerais venir avec vous, mais c'est impossible

ET LA GRAMMAIRE ?

1. Quelques verbes

COMPRENDRE		ATTENDRE		SAVOIR	
je comprends	nous comprenons	j'attends	nous attendons	je sais	nous savons
tu comprends	vous comprenez	tu attends	vous attendez	tu sais	vous savez
il/elle comprend	ils/elles comprennent	il/elle attend	ils/elles attendent	il/elle sait	ils/elles savent

Remarque : les trois personnes du singulier se prononcent de la même manière [atɑ̃] – [sɛ] – [kɔ̃prɑ̃].

2. Les pronoms compléments d'objet direct (C.O.D.) : ME, TE, L', LE, LA, NOUS, VOUS, LES

Karen aime bien *sa grand-mère* → elle *l'*aime beaucoup – *Son grand-père*, elle *l'*aime bien aussi.
Elle *les* aime bien tous les deux. Elle va *les* voir à Grenoble en juillet.
Cécile félicite *Karen* → elle *la* félicite ; Karen remercie *sa grand-mère* → elle *la* remercie.
Cécile comprend *son mari* → elle *le* comprend.

3. Les pronoms compléments d'objet indirect (C.O.I.) : ME, TE, LUI, NOUS, VOUS, LEUR

Karen écrit *à sa grand-mère* → elle *lui* écrit.
Elle téléphone souvent *à son grand-père* → elle *lui* téléphone souvent.
Karen parle *à ses amies Léa et Fatima* → elle *leur* parle.
Karen parle *à ses frères* → elle *leur* parle.

ATTENTION
lui est masculin ou féminin
leur est masculin ou féminin

/// 7. Répondez avec un pronom C.O.D. ou C.O.I. comme dans l'exemple.

Ex. : *Vous aimez vos voisins ? – Oui, je **les** aime bien.*

a. Tu écris à tes grands-parents, Karen ? – Oui, je ....
b. Appelle ton amie Léa. N'oublie pas ! – OK ! Je ....
c. Elle remercie sa grand-mère pour le chèque ? – Bien sûr, elle ....
d. Karen téléphone souvent à Léa ? – Oui, elle ....
e. Elle parle à ses voisins ? – Oui, elle ....

Points d'orthographe grammaticale

• **acheter, préférer, espérer** → le **e** ou le **é** deviennent **è** à certaines personnes.

ACHETER		PRÉFÉRER		ESPÉRER	
j'achète	nous achetons	je préfère	nous préférons	j'espère	nous espérons
tu achètes	vous achetez	tu préfères	vous préférez	tu espères	vous espérez
il/elle achète	ils/elles achètent	il/elle préfère	ils/elles préfèrent	il/elle espère	ils/elles espèrent

• **appeler et jeter** → le **l** ou le **t** sont doublés si la voyelle suivante n'est pas accentuée.

(S')APPELER		JETER	
j'appelle	nous appelons	je jette	nous jetons
tu appelles	vous appelez	tu jettes	vous jetez
il/elle appelle	ils/elles appellent	il/elle jette	ils/elles jettent

/// 8. Entourez la bonne réponse.

a. Avec le chèque de sa grand-mère, Karen s'achete / s'achète / s'achète un ordinateur.
b. Qu'est-ce que vous préferez ? / préférez ? préfèrez ?
c. Nous esperons / espérons / espèrons que tu vas venir nous voir à Grenoble.
d. – Comment vous vous appelez ? – Je m'appele / m'appèle / m'appelle Harry Moor.

/// **OBSERVEZ, RÉFLÉCHISSEZ, RÉPONDEZ...**

Nouveau Message

Exp :
Dest :
Objet :

Je soutiens mon doctorat le 30. Après quatre ans de travail, voilà enfin le bout du tunnel.
J'aimerais avoir tous mes amis avec moi ce jour-là. Alors, si vous pouvez venir,
ça me fera vraiment plaisir. C'est à 14 h, à Paris-VI, dans la salle D 040.
Après la soutenance, je vous invite à boire un verre pour fêter ça. L'adresse :
144, rue des Cordeliers (c'est juste en face de l'université). L'heure : vers 18 h.
Si vous n'êtes pas libres à 14 h, venez au moins pour le pot de thèse !
Très amicalement
Nicolas

/// 9. Comprendre grâce au contexte. Cochez la définition correcte.

1. **soutenir** un doctorat, c'est...
   - ☐ a. publier sa thèse dans une maison d'édition
   - ☐ b. présenter sa thèse devant des professeurs

2. **vers** 18 heures, c'est...
   - ☐ a. à peu près à 18 heures (l'heure n'est pas très précise)
   - ☐ b. à 18 heures exactement

3. le **pot de thèse**, c'est...
   - ☐ a. une grande réception pour fêter la thèse après la soutenance
   - ☐ b. une petite fête entre amis après la soutenance de la thèse

/// 10. Vous êtes Marion et Gérard, deux vieux amis de Nicolas. Vous lui répondez pour le féliciter et pour lui dire que vous n'êtes pas libres à 14 h mais que vous allez venir au pot de thèse.

Nouveau Message

Exp :
Dest :
Objet :

Mon vieux Nico,

....
....
....
....
....

Marion et Gérard

Comment faire pour... féliciter quelqu'un.

- **Familier** : *Bravo ! C'est super ! Toutes mes félicitations ! Je suis très content(e) pour toi !*
- **Plus formel** : *Nous sommes très heureux de cette bonne nouvelle. Recevez toutes nos félicitations.*

UNITÉ 2 /// J'aimerais venir avec vous, mais c'est impossible

À VOUS D'ÉCRIRE

/// **11.** Votre amie Zoé vient enfin d'obtenir son permis de conduire, après cinq échecs*.
Elle vous annonce son succès.

> Chers amis,
>
> Victoire ! J'ai enfin mon permis. Enfin, je peux conduire. Enfin, je suis libre de voyager partout. J'ai acheté ce matin une vieille voiture, pas très belle mais bon marché*.
> Je pars la semaine prochaine pour l'Espagne. Personne ne veut m'accompagner ?
> Bises.
>
> Zoé

* **un échec** ≠ un succès.
* **bon marché** ≠ cher.

• Vous lui écrivez un petit mot pour la féliciter et pour lui dire d'être prudente au volant.

Ma chère Zoé,

....
....
....
....
....

Le blog de Tania

J'aime l'Italie mais je connais mal la Riviera italienne. Alors, j'ai décidé d'aller à Cinque terre. C'est un paradis. Je suis dans le bateau blanc, un ferry. Je reste toute la journée dans ce village.

• Qu'est-ce que Tania va faire aujourd'hui à Cinque Terre ? Imaginez.

....
....
....

UNITÉ 2 /// J'aimerais venir avec vous, mais c'est impossible

LEÇON 5

TU VIENS DIMANCHE ?

OBJECTIFS FONCTIONNELS : Proposer quelque chose à quelqu'un (1) – Accepter une invitation (2) – Demander une information sur un lieu (1).
LEXIQUE : La maison, l'installation – Déménager/emménager.
GRAMMAIRE : Le présent – Les trois formes de l'interrogation – L'impératif (1) – *Aller/venir* – *Pouvoir/vouloir*.
POINT D'ORTHOGRAPHE LEXICALE : m devant b, m et p.
POINT D'ORTHOGRAPHE GRAMMATICALE : Les verbes *commencer, manger, déménager, bouger*.
COMMENT FAIRE POUR… : Inviter quelqu'un.

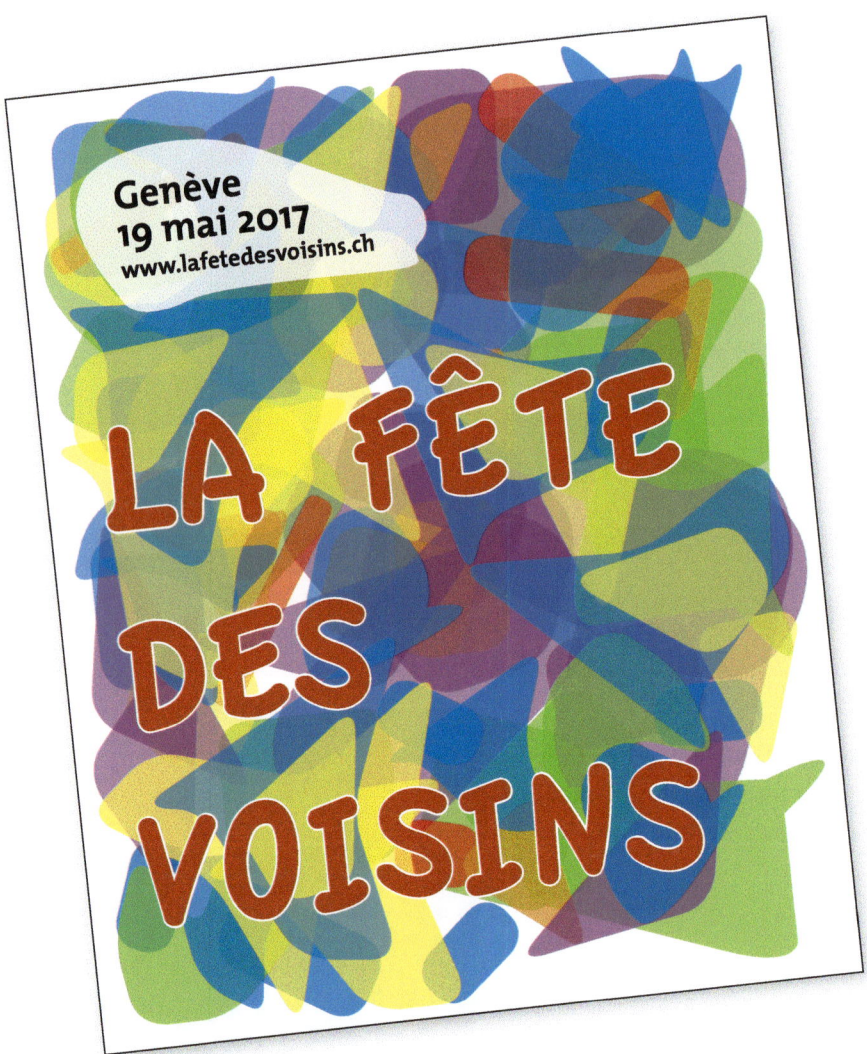

/// **1.** Qu'est-ce qu'on annonce ?
....
/// **2.** Qu'est-ce que les voisins vont faire ce soir-là ? Imaginez.
....
....

UNITÉ 2 /// J'aimerais venir avec vous, mais c'est impossible

OBSERVEZ

Rouen, vendredi 12

Ma chère Sophie,

Nous emménageons dans notre nouvelle maison. Vous êtes cordialement invités à venir pendre la crémaillère samedi soir. C'est possible ?
Pour venir, c'est facile : vous allez jusqu'à Noblecourt puis Montloup.
A la sortie du village, vous tournez à droite.
C'est la dernière maison à gauche, juste avant d'arriver au pont. Il y a un grand portail vert. Connaissez-vous la région ? Non ? Alors, vous allez adorer !
Le Perche*, c'est superbe ! Venez !
Nous finissons les derniers paquets. Ouf !!! C'est absolument épuisant, de déménager ! Je suis fatiguée. Après, nous ne bougeons plus ! Plus jamais !

Affectueusement à toi et à Charles

Maryse

*__le Perche__ : région à l'ouest de Paris.

Vocabulaire

- **déménager** : quitter son ancien appartement ou son ancienne maison.
- **emménager** : s'installer dans son nouvel appartement ou dans sa nouvelle maison.
- **cordialement** : amicalement.
- **pendre la crémaillère** : inviter des amis pour fêter son installation dans une nouvelle maison.
- **un portail** : une grande porte qui ouvre sur un jardin ou une cour.
- **épuisant** : très fatigant.
- **un village** : une toute petite ville.

/// 3. Répondez en une ligne.

a. Pourquoi Maryse écrit-elle à Sophie ? ....
b. Leur nouvelle maison est-elle dans le village ? ....
c. Pourquoi Maryse est-elle fatiguée ? ....

/// 4. Vous êtes Sophie (ou Charles). Vous répondez à Maryse pour accepter son invitation. Vous lui demandez ce que vous pouvez apporter : du vin, des fleurs, des gâteaux…

UNITÉ 2 /// J'aimerais venir avec vous, mais c'est impossible

/// **DES MOTS POUR LE DIRE**

Des noms
un village – un chemin – un pont – l'entrée du village – la sortie du village

Des adjectifs
beau – belle – superbe – magnifique – fatigant(e)

Des verbes
emménager – déménager
commencer – connaître
finir – bouger – s'installer

Des adverbes
facilement – vraiment – absolument – avant, après – devant, derrière – tôt, tard – longtemps – toujours – beaucoup, peu – très, trop

/// 5. Vérifiez le sens des adverbes dans le dictionnaire. Choisissez parmi les adverbes ou les prépositions de la liste pour compléter les phrases.

a. Maryse se lève ...., à 6 h, parce qu'elle a beaucoup de travail à cause de son déménagement.
b. Je vais vous expliquer l'itinéraire. Ce n'est pas compliqué : vous trouverez .... la maison.
c. Attention : la météo annonce qu'il y aura .... de vent, surtout le soir.
d. Dimanche, c'est encore pire ! Le temps sera .... gris et il va pleuvoir dans l'après-midi.

/// 6. Complétez avec l'un des verbes suivants. N'oubliez pas de le conjuguer.
acheter – aller – savoir – appeler – déménager – pouvoir – prendre

a. C'est décidé ! Nous .... une maison à la campagne. Elle est un peu chère mais très belle.
b. Je ne .... pas où il habite. Si tu connais son adresse, tu .... me la donner ?
c. Nous .... mercredi prochain : c'est un camion qui va transporter les meubles, les objets, les livres…
d. Pour aller chez moi, c'est facile : tu .... le bus 143 jusqu'au terminus. Après, tu m'........................ et je .... te chercher.

Orthographe d'usage : Devant les consonnes b, m et p

- **an → am** *du jambon, une femme, du champagne*
- **en → em** *septembre, emménager, emporter*
- **in → im** *imbécile, immobile, important*
- **on → om** *un nombre, un homme, compter*

/// 7. Écrivez le mois en toutes lettres.
a. Il est né le 18/09 : ....
b. Ils ont déménagé le 15/11 : ....
c. Ils se sont rencontrés le 1/01 : ....
d. Je pars au Brésil le 20/12 : ....

/// 8. Complétez par un mot.
champagne – comprendre – compter – printemps – temps – timbre.

a. Pour envoyer une lettre, il faut mettre un .... sur l'enveloppe.
b. Qu'est-ce que tu préfères : l'hiver, le ...., l'été ?
c. Pour fêter ton arrivée, on va ouvrir une bouteille de ....
d. Cet enfant sait .... jusqu'à cent.
e. Je ne .... pas cet exercice. Vous pouvez m'expliquer ?
f. Le .... est superbe : soleil, ciel bleu, chaleur.

// ET LA GRAMMAIRE ?

1. Quelques verbes

FINIR	CONNAÎTRE
je finis	je connais
tu finis	tu connais
il/elle finit	il/elle connaît
nous finissons	nous connaissons
vous finissez	vous connaissez
ils/elles finissent	ils/elles connaissent

2. Les trois formes de l'interrogation : par intonation ; avec EST-CE QUE ; avec l'inversion sujet-verbe

- par intonation : *Tu peux venir samedi soir ?* — C'est la forme la plus fréquente à l'oral.
- avec « est-ce que » *Est-ce que tu peux venir samedi soir ?* — Forme fréquente à l'oral et à l'écrit.
- par inversion *Peux-tu venir samedi soir ?* — C'est une forme un peu plus formelle.

Attention avec les verbes pronominaux
*Vous vous installez quand ? – Quand est-ce que vous vous installez ? – Quand **vous** installez-**vous** ?*

/// 9. Transformez avec la forme interrogative par inversion.

a. Vous connaissez la Provence ? ....
b. Est-ce que vous faites du ski régulièrement ? ....
c. Quand est-ce que vous partez ? ....
d. Vous vous appelez comment ? ....

VENEZ NOMBREUX

3. L'impératif

Il a trois formes, il n'a pas de pronom sujet et il exprime l'ordre, le conseil, la demande.
Pars ! Partons ! Partez !
Attention : avec les verbes terminés en **-ER** et quelques verbes en **-IR**, **l'impératif singulier perd le -s final.**
*Tu commenc**es** tout de suite **mais** Commence tout de suite*
Arrive vite ! Cherche bien ! Arrête ! Mange !
*Tu ouvres la porte **mais** Ouvre la porte !*
Avec ALLER → ***Va !***

Points d'orthographe grammaticale : attention à certaines modifications dans l'orthographe des verbes.

– verbes terminés par **-CER** (ex. : commencer) → nous commençons [kɔmɑ̃sɔ̃]
– verbes terminés par **-GER** (ex. : bouger) → nous bougeons [buʒɔ̃]

/// 10. Conjuguez les verbes.

a. Nous *(ranger)* .... toute la maison avant de partir en vacances.
b. Nous *(déménager)* .... demain. Nous *(partager)* .... une grande maison en banlieue avec des amis italiens.
c. L'été, nous *(manger)* .... plus tard. Nous *(commencer)* .... vers 20 h 30, en général.

OBSERVEZ, RÉFLÉCHISSEZ, RÉPONDEZ...

Nouveau Message

Exp :
Dest :
Objet :

Ma chère Françoise,

Merci beaucoup pour ton invitation. C'est très gentil et nous sommes très heureux de venir pour le week-end. Mais où se trouve Landreville ? Tu expliques comment je peux trouver ta maison mais tu n'expliques pas où est le village ! Je sais que c'est près de Bar-sur-Seine mais c'est tout. Tu peux m'envoyer un message pour m'indiquer le chemin ?

Ce n'est pas trop difficile de vivre loin de tous tes amis ? Tu t'habitues ?

Je t'embrasse

Charlotte

/// 11. Comprendre grâce au contexte. VRAI ou FAUX ? Cochez la bonne réponse.

	Vrai	Faux
a. C'est la première fois que Charlotte va chez Françoise.	☐	☐
b. Françoise et Charlotte ne se connaissent pas très bien.	☐	☐
c. Françoise habite à la campagne depuis peu de temps.	☐	☐

/// 12. Avec la lettre de Charlotte, essayez d'imaginer la lettre d'invitation de Françoise.

Landreville, le 18 mars

Ma chère Charlotte,

....
....
....
....
....
....

Je vous embrasse tous les deux

Françoise

Comment faire pour... inviter quelqu'un.

- **Familier :** *Je serais content(e) de te voir. Viens passer le week-end avec nous.*
- **Un peu plus formel :** *J'aimerais vous avoir à la maison ce week-end.*
- **Plus formel :** *Nous serions très heureux de vous accueillir à la maison le week-end prochain.*

UNITÉ 2 /// J'aimerais venir avec vous, mais c'est impossible

À VOUS D'ÉCRIRE

Vous proposez à votre cousine Clara de venir passer le week-end chez vous, au bord de la mer.
À l'aide de la carte, expliquez-lui comment elle peut aller en voiture de Rennes à Erquy.
Vous lui demandez d'apporter son maillot de bain ; vous lui dites qu'il fait très beau et que l'eau est à 19 degrés.
Avant d'écrire votre lettre, relisez les exemples de lettres des leçons 4 et 5.

/// 13. Observez la carte et faites l'itinéraire.

/// 14. Rédigez votre message.

Ma chère Clara,

Le blog de Tania

28/02
C'est un rêve !
Je suis en plein carnaval de Rio... Les couleurs, la musique, les danseurs, tout est fantastique. Je ne dors plus, je suis dans les rues nuit et jour. Je ris, je bois, je chante, et je commence à attraper le rythme de la samba.

- Où est Tania ?

- Qu'est-ce qu'elle fait ?

LEÇON 6 — DÉSOLÉ, JE NE PEUX PAS

OBJECTIFS FONCTIONNELS : Proposer quelque chose (2) – Répondre négativement à une proposition, à une invitation – S'excuser.
LEXIQUE : Le travail, les obligations – Les rendez-vous.
GRAMMAIRE : Le présent – La forme négative (1) – L'expression de la cause.
POINT D'ORTHOGRAPHE LEXICALE : L'accent aigu.
POINT D'ORTHOGRAPHE GRAMMATICALE : Les verbes en -DRE et en -TRE.
COMMENT FAIRE POUR... : Refuser poliment et s'excuser.

/// **1.** À votre avis, que signifie cette expression du visage ?
- ☐ a. D'accord, très bien, j'arrive.
- ☐ b. Impossible de venir. Désolé !
- ☐ c. Je vais peut-être venir, on verra.

/// **2.** Qu'est-ce qu'on lui demande, à votre avis ? Imaginez.

....
....

UNITÉ 2 /// J'aimerais venir avec vous, mais c'est impossible

OBSERVEZ

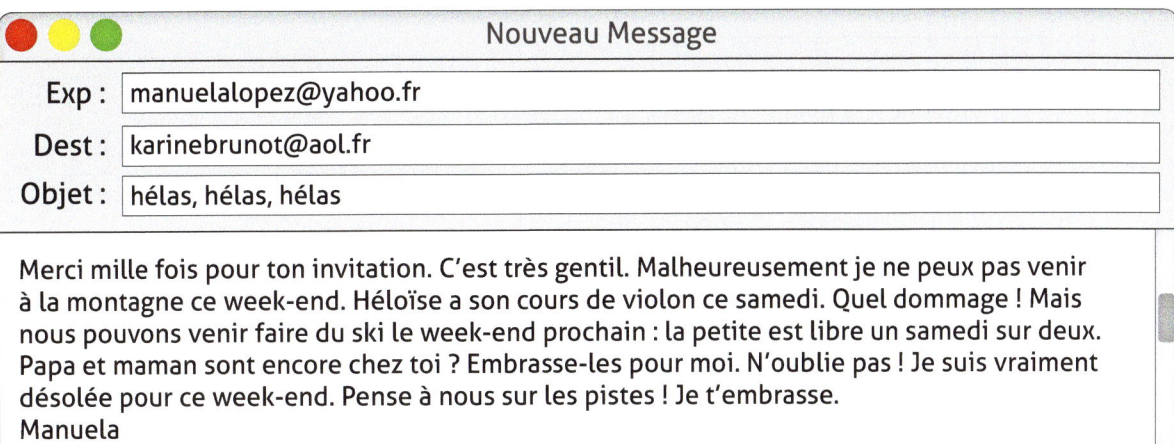

Nouveau Message

Exp : manuelalopez@yahoo.fr
Dest : karinebrunot@aol.fr
Objet : hélas, hélas, hélas

Merci mille fois pour ton invitation. C'est très gentil. Malheureusement je ne peux pas venir à la montagne ce week-end. Héloïse a son cours de violon ce samedi. Quel dommage ! Mais nous pouvons venir faire du ski le week-end prochain : la petite est libre un samedi sur deux. Papa et maman sont encore chez toi ? Embrasse-les pour moi. N'oublie pas ! Je suis vraiment désolée pour ce week-end. Pense à nous sur les pistes ! Je t'embrasse.
Manuela

Vocabulaire
- **une invitation** (attention : le mot est féminin mais *ta invitation*, impossible → **ton** invitation).
- **un instituteur, une institutrice** = un professeur d'école (pour les enfants jusqu'à 11 ans) (attention : le mot « institutrice » est féminin mais *sa institutrice*, impossible → **son** institutrice).
- **hélas !** = **quel dommage !** (expression du regret).
- **malheureusement** = hélas. (expression du regret).
- **manquer** l'école = ne pas aller à l'école, être absent à l'école.
- faire du ski.
- les **pistes** de ski.
- Attention à la préposition : un samedi **sur** deux.

/// 3. À votre avis... Répondez par OUI ou par NON et justifiez votre réponse.

a. Manuela et Karine sont sœurs   OUI   NON

parque que..

b. Karine habite à Paris   OUI   NON

parque que..

/// 4. Vous êtes Karine. Vous répondez à Manuela pour lui dire que le temps est magnifique et que la neige est excellente. Vous l'invitez pour le week-end prochain. Vous lui dites que vos parents restent chez vous jusqu'au 30 avril.

Nouveau Message

Exp :
Dest :
Objet :

/// **DES MOTS POUR LE DIRE**

Des noms
la montagne – la neige – le ski – la semaine – le week-end

Des adjectifs
gentil(le) – libre – désolé(e) – excellent(e)

Des verbes
penser à qqch ou à qqn – oublier qqch ou qqn – embrasser qqn

Des expressions
hélas !
chez toi (dans ta maison)
merci mille fois

/// 5. Cherchez les adjectifs pour le dire. Complétez les phrases avec l'un des adjectifs suivants :
fier, fière (de qqch ou de qqn) – beau, belle – gentil, gentille – excellent(e) – heureux, heureuse – fatigué(e) – désolé(e) – libre – magnifique.

a. « Je suis ...., mais je ne suis pas .... ce soir. Si tu veux, on se voit demain. » Denis

b. Élisa est .... parce qu'elle travaille beaucoup actuellement.

c. « Je suis très .... de te voir dimanche. Le temps est .... et la neige est .... » Karine

d. Ses parents sont très .... de leur fille : elle est ...., elle est .... avec eux et elle travaille bien à l'école.

/// 6. Reliez une phrase à sa réponse logique.

a. – Je ne peux pas venir ce week-end.   • • 1. – Bravo !
b. – J'ai eu mon examen avec 16/20.   • • 2. – Quelle bonne nouvelle ! Félicitations !
c. – Lucie et moi, on se marie en septembre.   • • 3. – Merci mille fois.
d. – Je t'envoie un chèque pour tes vingt ans.   • • 4. – Quel dommage !

Orthographe d'usage : l'accent aigu (é) → un beau bébé [bebe]

L'accent aigu se place sur le E pour marquer l'accentuation de la voyelle : *il chante / il a chanté*.
Attention :
– on ne met pas d'accent si le E est suivi de **-r**, de **-z**, de **-f**, de **-d** : *Vous voulez manger quelque chose ?*
– on ne met pas d'accent si le E est suivi d'une double consonne : *elle est belle – essentiel – terrible – effrayant – serrer...*
– on ne met pas d'accent dans les mots : *les – des – ces – mes – tes – ses – c'est...*

/// 7. Mettez les accents aigus qui manquent.

a. De qui parlez-vous ? – De Hugh. Ses enfants parlent anglais, suedois et norvegien.

b. Maman, Veronique veut un dessert. Qu'est-ce que je lui donne ?

c. Vous voulez maigrir ? C'est facile : marchez, courez, sautez... Vous verrez, vous allez maigrir.

d. Henri a achete une vieille voiture bon marche pour partir en vacances l'ete prochain avec ses amis.

ET LA GRAMMAIRE ?

1. La phrase négative (1)

Je **ne** parle **pas** français.	Si le verbe est à un temps simple	→ **ne** + verbe + **pas**
Je **n'ai pas** vu ce film.	Si le verbe est à un temps composé	→ **ne** + auxiliaire + **pas** + participe passé
Je **ne** peux **pas** venir.	S'il y a deux verbes	→ **ne** + verbe conjugué + **pas** + infinitif
Ne partez **pas** !	Avec l'impératif	→ **ne** + impératif + **pas**

Attention : NE + voyelle → **N'** *Je n'aime pas le sport – Il n'écoute pas – N'oublie pas !*

/// 8. Mettez les phrases suivantes à la forme négative.

a. Viens à la maison avant le 15 octobre, nous sommes là.
....

b. Je peux venir à la réunion mercredi prochain, j'ai le temps.
....

c. J'ai compris l'exercice, je peux l'expliquer.
....

2. L'expression de la cause : ... PARCE QUE + verbe... / À CAUSE DE + nom
*Elle est fatiguée **parce qu'**elle a beaucoup travaillé./**à cause de** son travail.*

/// 9. Parce que ou à cause de ? Complétez.

a. Il est malade .... la chaleur ou .... il a trop bu hier soir ?

b. Elle est très occupée .... son mariage. Elle n'a pas le temps de sortir ....
ils emménagent dans une semaine.

c. Aujourd'hui, je suis arrivé en retard au cours .... je n'ai pas entendu mon réveil.

Points d'orthographe grammaticale : verbes en -DRE et en -TRE

Verbes du type **PRENDRE**	je prends	tu prends	il/elle prend
	nous prenons	vous prenez	ils/elles prennent
Verbes du type **RENDRE**	je rends	tu rends	il/elle rend
	nous rendons	vous rendez	ils/elles rendent
verbes du type **METTRE**	je mets	tu mets	il/elle met
	nous mettons	vous mettez	ils/elles mettent
Verbes du type **CONNAÎTRE**	je connais	tu connais	il/elle connaît
	nous connaissons	vous connaissez	ils/elles connaissent

Remarque : Pour ces quatre verbes, la prononciation est la même aux trois personnes du singulier :
[praã] – [raã] – [mɛ] – [kɔnɛ]

/// 10. Écrivez la terminaison du verbe qui convient.

a. Descen............ ! Tu m'enten............ ? Allez, répon............... !

b. Qu'est-ce que tu atten............ ? Tu pren............ le métro ou le bus ?

c. Je ne compren............ pas le texte. Je ne connai............ pas l'auteur.

/// OBSERVEZ, RÉFLÉCHISSEZ, RÉPONDEZ...

1. En raison de travaux sur la ligne 4 du métro, les stations Saint-Sulpice et Saint-Placide sont fermées au public tous les soirs à partir de 20 h 30, du 15 octobre au 30 novembre 2017. Nous vous prions de nous excuser pour la gêne occasionnée.

La RATP

2. Désolé, ma chérie, je ne peux pas venir ce soir à cause d'un travail urgent à terminer. Bises. Bob

3. Nous vous remercions vivement de votre aimable invitation. Malheureusement, nous ne sommes pas à Marseille la semaine prochaine. Nous partons en Italie pour quelques jours. Nous sommes désolés de ce contretemps et nous espérons que ce n'est que partie remise.

Très cordialement à vous
Suzy Parker

4. Mon fils Valentin Renard, classe de 6e 7, ne pourra pas aller à la piscine cette semaine : il a un gros rhume et il ne peut pas se baigner.
Je vous remercie de votre compréhension.
le père : Marc Renard

/// 11. Ces documents ont le même objectif. Lequel ?
☐ a. demander une information
☐ b. refuser une invitation
☐ c. s'excuser ou excuser quelqu'un

/// 12. À votre avis, à qui s'adresse :

a. le document 1 : ....
b. le document 2 : ....
c. le document 3 : ....
d. le document 4 : ....

Comment faire pour... refuser poliment quelque chose et s'excuser.

• Voici la formule magique : *Je suis vraiment désolé(e) mais...*
　　　　　　　　　　　　　　　　　j'ai un travail urgent à terminer.
　　　　　　　　　　　　　　　　　ma fille est un peu malade en ce moment.
Je suis vraiment désolé(e) de ne pas pouvoir venir mais je ne suis pas à Paris la semaine prochaine.
　　　　　　　　　　　　　　　　　j'ai un rendez-vous impossible à déplacer.
　　　　　　　　　　　　　　　　　ma voiture est en panne...

UNITÉ 2 /// J'aimerais venir avec vous, mais c'est impossible

À VOUS D'ÉCRIRE

/// **13.** On vous a invité(e) à une fête et vous n'avez pas envie d'y aller. Mais vous voulez répondre poliment à la personne qui vous invite. Vous devez chercher (et trouver) une bonne raison de rester chez vous.

• **Premier cas :** Vous avez 40 ans, vous avez un poste à responsabilité dans une entreprise. Vos enfants ont 10 et 5 ans. Votre supérieur hiérarchique vous invite dans sa maison de campagne (c'est à 40 kilomètres de chez vous). L'invitation est pour le samedi soir. Nous sommes mercredi. Restez poli(e) ! Rédigez la lettre.

Mercredi 9 juin 2017

Cher ami,

....
....
....
....

• **Deuxième cas :** Une tante vous invite à passer le week-end chez elle pour fêter son anniversaire de mariage. Vous êtes fatigué(e) et vous n'aimez pas beaucoup cette personne. Mais vous ne voulez pas être impoli(e). Rédigez la lettre.

Chère tante Jeanne,

....
....
....
....

Le blog de Tania

Gla gla gla... Il fait très froid et Noël, c'est demain !
Sur la photo, ce n'est pas moi, c'est mon amie Hortense.
Elle habite à Paris et je suis chez elle pour deux semaines.

• Qui est Hortense ? ....
• Tania a pris cette photo où, exactement ? ....
• Quel jour ? ....

UNITÉ 2 /// J'aimerais venir avec vous, mais c'est impossible /// 43

PHONIE/GRAPHIE

 http://competences.cle-international.com/

Ça se prononce comme ça, mais ça s'écrit comment ?

Le son [j] est difficile à prononcer pour la plupart des élèves qui apprennent le français : les lèvres sont arrondies, la langue contre les dents du haut, l'air passe avec un chuintement.

Récapitulons !

Ce son [j] peut s'écrire de différentes manières.

1. **i + a** → le diable
   i + e - n → bien ; le mien ; le tien ; le sien ; rien ; Viens ! ; un Canadien ; un Indien ; un Indonésien...
   i + e - r → apprécier (j'apprécie) ; étudier (j'étudie) ; relier (je relie)...
   → premier ; dernier ; entier ; un crémier ; un fermier ; un douanier ; de la bière ; une pierre... ; fier, fière
   i + a - t → le secrétariat
   i + e - u (x) → un lieu ; un dieu ; mieux ; vieux...
   i + o - n → un champion ; la passion ; la nation ; la réflexion...
2. **gn + e** → la campagne ; le champagne...
3. **gn + o-n** → un champignon
4. **il**
   -a + il → le travail [travaj] ; un vitrail...
   -e + il → le réveil [revɛj] ; un vieil homme ; le soleil...
   -eu + il → le deuil [dœj] ; le seuil [sœj]...
5. **i - l - l** → je travaille, tu travailles, il/elle travaille, ils/elles travaillent [travaj]
   a + i - l - l → le subjonctif du verbe ALLER : que j'aille, que tu ailles, qu'il/elle aille, qu'ils/elles aillent [aj]
   → une caille ; une maille ; la paille ; la taille...
   e + i - l - l → je me réveille, tu te réveilles, il/elle se réveille, ils/elles se réveillent [revɛj]
   → une vieille femme ; Mireille ; une abeille ; une corbeille ; une oreille ; une bouteille ; la veille...
   ue + i - l - l → je cueille, tu cueilles, il/elle cueille, ils/elles cueillent [kœj]
   → une feuille
   i - l - l + e → une bille ; un billet ; la fille ; briller... mais **attention** : mille [mil] ; la ville [vil] de Lille [lil]
   ou + i - l - l → je fouille, tu fouilles, il/elle fouille, ils/elles fouillent [fuj]
   → une brouille (une dispute)
6. **y** → un voyage ; un noyau ; un tuyau ; un rayon ; une rayure ; le moyen ; la moyenne ; les yeux...
   → balayer (**attention** : je balaie) ; payer ; tutoyer, vouvoyer (**attention** : on se tutoie, on se vouvoie) ; aboyer (**attention** : le chien aboie) ; **appuyer** (attention : j'appuie)...

Attention à : deuxième [døzjɛm] ; sixième [sizjɛm] ; dixième [dizjɛm]

/// 1. Parmi les mots soulignés, quels sont ceux où l'on n'entend pas le son [j] ?

a. <u>Hier</u>, j'ai rencontré une jolie <u>fille</u> qui venait de <u>Lille</u>. Elle s'appelle <u>Mireille</u> et elle <u>travaille</u> à l'hôtel de <u>ville</u>.

b. Cet oiseau a des <u>ailes</u> bleues, un <u>gosier</u> blanc et la tête <u>entièrement</u> rouge.

c. Elle a la <u>taille</u> fine, les yeux noirs, des cheveux <u>soyeux</u> qui <u>brillent</u> au <u>soleil</u>.

d. Elle habite dans le centre-<u>ville</u> de <u>Lille</u>.

/// 2. Complétez.

a. – Je peux vous dire « tu » ? – Oui, si vous voulez, nous pouvons nous ....

b. – À quelle heure vous vous .... le matin ? – Moi ? Assez tôt. Tous les jours entre six et sept.

c. Si tu veux, allons ramasser des .... dans la forêt.

d. La .... des Français est de 1,75 m pour les hommes et de 1,65 m pour les femmes.

e. Pour fêter ta réussite à l'examen, on va ouvrir une .... de .... D'accord ?

Bilan

À la fin de cette d'unité, vous savez comment faire pour :
- féliciter quelqu'un de quelque chose.
- proposer quelque chose à quelqu'un.
- accepter ou refuser une proposition.

Faites les exercices, vérifiez avec les corrigés, comptez vos points.
Si vous avez plus de 15, bravo ! De 10 à 15, ça va. Moins de 10, relisez donc les pages qui précèdent !

1. Vous recevez cette invitation. Vous refusez poliment en donnant une raison. …/6

> Salut,
> Est-ce que tu veux venir passer le week-end avec nous à Londres ?
> Ça nous ferait vraiment plaisir !
> Amicalement
> Denis

2. Avant de fixer la date et l'heure d'une réunion de travail, vous faites passer un petit message à tous les collègues pour savoir quel jour et quelle heure ils préfèrent. …/4

3. VRAI ou FAUX ? …/4

	Vrai	Faux
a. On dit « Bravo ! » pour féliciter quelqu'un.	☐	☐
b. On dit « Hélas ! » pour remercier quelqu'un.	☐	☐
c. « Quel dommage ! » exprime un regret.	☐	☐
d. On dit « Avec plaisir » si on accepte une proposition.	☐	☐

4. Complétez les phrases suivantes. …/6

a. Je me sens fatigué(e) parce que ………………………
b. N'oubliez pas de téléphoner au service des impôts pour ………………………
c. La météo annonce que demain, malheureusement, ………………………
d. Je suis absolument désolé(e) de ………………………
e. Je vous remercie très vivement pour ………………………
f. Dans les cafés et dans les restaurants, on ne peut pas ………………………

UNITÉ 2 /// J'aimerais venir avec vous, mais c'est impossible

LEÇON 7 — JE SUIS GRANDE, BRUNE…

OBJECTIFS FONCTIONNELS : Demander un renseignement (1) – Expliquer quelque chose (1) – Décrire quelqu'un (1).
LEXIQUE : Les caractéristiques physiques.
GRAMMAIRE : La phrase négative (2) – Le futur simple.
POINT D'ORTHOGRAPHE LEXICALE : L'accent grave.
POINT D'ORTHOGRAPHE GRAMMATICALE : Le féminin des adjectifs (1).
COMMENT FAIRE POUR… : S'informer sur qqn.

1. J. F. blonde, 1,75 m, gaie, vivante, cherche H. 40-45 ans libre pour sorties et plus si affinités. Écrire au journal.

2. H. cinquantaine mais paraissant moins cherche J. F. 18-25 ans romantique et sérieuse pour union durable. Écrire au journal qui transmettra.

3. On dit que je suis beau ! J'ai 40 ans, grand, brun, sérieux mais enthousiaste, divorcé sans enfants, cherche femme 30-40 pour refaire ma vie. Téléphoner 01 42 57 62 44

4. J. F. brune, grande, gaie et dynamique, musicienne cherche amis ou amies pour sortir le soir ou le week-end. Appeler 06 24 24 00 10.

5. J. F. petite brune, mince et gaie, bonne situation, libre, cherche H. même profil. Appeler 01 44 25 30 19.

6. H. plein de vie et d'enthousiasme, 1,75 m, brun aux yeux bleus, professeur d'université à la retraite, cherche F. même profil pour voyager, sortir ou plus. Écrire au journal qui transmettra.

7. J'ai vingt-sept ans, je rêve de vous, l'homme idéal. Je suis petite, blonde aux yeux bleus. Je vous attends ! Écrire au journal qui transmettra.

8. Femme cinquantaine, belle, distinguée, métier artistique, rencontrerait J.H. 30-35 ans romantique et artiste. Écrire au journal qui transmettra.

/// **1.** Qui est grande, brune, gaie ? ....

• Qui est petite, blonde, romantique ? ....

• Qui est beau, grand, sérieux ? ....

• Qui est brun, enthousiaste et mesure 1,75 m ? ....

UNITÉ 3 /// Elle est comment ? /// 46

OBSERVEZ

Nouveau Message

Exp : soniabelfond@club-internet.fr
Dest : francesco-ponti@aol.it
Date : lundi 15 octobre 2016

Cher collègue,

J'arriverai comme prévu à Bologne le 18 à 12 h 45. Merci de venir me chercher à l'aéroport, c'est très gentil de votre part. J'apporte pas mal de documents pour la réunion, c'est un peu lourd. Si vous voulez, attendez-moi au Point-Rencontre.

Qu'est-ce que je peux dire pour me décrire ? Je n'ai rien de spécial.

Je suis assez grande, brune, j'ai les cheveux longs et je porte des lunettes.

Ah oui, j'aurai une écharpe blanche.

Je suis très heureuse de faire votre connaissance bientôt.

Sonia Belfond

Vocabulaire
- **votre collègue** : une personne qui fait le même travail que vous.
- **pas mal** de documents : beaucoup de documents (un peu familier).
- je serai **chargée** : j'aurai des choses lourdes à porter.
- **décrire** quelqu'un : expliquer comment il est.
- **bientôt** : dans peu de temps.

/// **2.** Observez cette photo et décrivez ces trois personnes.

....
....
....
....
....
....
....

/// **3.** Quelqu'un vous attend à l'aéroport. Il ne vous connaît pas. Décrivez-vous en une phrase.

....
....
....

UNITÉ 3 /// Elle est comment ? ///

/// **DES MOTS POUR LE DIRE**

Des noms
un collègue – un rendez-vous – la terrasse d'un café – une moustache – une barbe – des lunettes

Des adjectifs
long, longue – mince – maigre – rond, ronde chauve – barbu – jeune – vieux, vieille

Des verbes
écrire, décrire – dire – attendre – lire

Une expression
faire connaissance de quelqu'un

/// 4. Qui est-ce ?

a. Elle est anglaise, elle est grande et belle. Elle a deux enfants. Son prénom commence par K.

C'est ....

b. Cette actrice américaine était très belle et très blonde. Elle est morte en 1963.

C'est ....

c. Il est très très vieux et très généreux. Il a une grande barbe blanche et un manteau rouge.

C'est ....

/// 5. Inventez une histoire où vous utiliserez les 15 mots suivants. Cherchez les mots que vous ne connaissez pas dans votre dictionnaire. Attention : il faut utiliser TOUS les mots. N'oubliez pas de conjuguer les verbes.

un rendez-vous – un café – une jeune fille – attendre – des fleurs – une horloge – un garçon de café – un journal – un voisin – demander – répondre – partir – lire – un amoureux – regarder.

....
....
....
....
....
....

Orthographe d'usage : l'accent grave se place sur les voyelles a – e – u

- sur le **E**, il correspond au son [ɛ] à l'intérieur du mot : *la mère, le père, le frère...*, ou en finale : *près, après, le succès.*
  Attention : pas d'accent sur le **E** devant une double consonne : *belle, la terre, une hôtesse...*
  pas d'accent devant **-x** : *excellent, extraordinaire, examen, exception, exemple...*
  pas d'accent sur le **E** devant **-t** : *et, un béret, un garçonnet, un effet, un bracelet, un objet...*
- sur le **A** et le **U**, il sert à distinguer un mot d'un autre : *a et à ; la et là ; ou et où.*

/// 6. Mettez un accent grave où il faut.

a. Ma chere Estelle, je te félicite pour ton succes a l'examen.

b. Gabrielle est la ? Non, tu sais bien qu'elle va chez sa mere tous les samedis apres-midi.

c. Tu préferes aller au restaurant ou dîner a la maison ?

/// **ET LA GRAMMAIRE ?**

1. Verbes

LIRE		DIRE		ÉCRIRE	
je lis	nous lisons	je dis	nous disons	j'écris	nous écrivons
tu lis	vous lisez	tu dis	vous dites	tu écris	vous écrivez
il/elle lit	ils/elles lisent	il/elle dit	ils/elles disent	il/elle écrit	ils/elles écrivent

Attention : vous dites.

2. Les phrases négatives (2) NE... RIEN – NE... PERSONNE – NE... JAMAIS – NE... PLUS avec un verbe à la forme simple

– *Elle a quelque chose de spécial ?* – **Non**, *elle **n'a rien** de spécial.*
– *Vous connaissez quelqu'un à Tokyo ?* – **Non**, *je **ne** connais **personne**.*
– *Vous allez quelquefois au concert ?* – **Non**, *je **ne** vais **jamais** au concert.*
– *Vous fumez encore ?* – **Non**, *je **ne** fume **plus**.*
Et : RIEN NE... – PERSONNE NE... : *Rien ne l'intéresse ! Personne ne m'attend.*
Attention, n'oubliez pas le **ne** : à l'écrit, il est obligatoire.

/// 7. Répondez négativement.

a. Vous prenez quelquefois le métro ? → Non,..

b. Quelqu'un sera à l'aéroport dimanche ? → Non,..

c. Ils habitent encore ici ? → Non,..

d. Vous voulez quelque chose ? → Non merci,..

3. Le futur

Pour les verbes en **-ER** (sauf ALLER) et pour les verbes du type **FINIR**, on ajoute :
-ai, -as, -a, -ons, -ez, -ont à l'infinitif : *je travaillerai, nous déciderons, vous finirez, elle choisira...*
Beaucoup de verbes ont un futur irrégulier mais le « r » est toujours présent :

| ÊTRE → je serai | AVOIR → j'aurai | VENIR → je viendrai | SAVOIR → je saurai |
| FAIRE → je ferai | ALLER → j'irai | POUVOIR → je pourrai | VOIR → je verrai |

/// 8. Dans dix ans, qu'est-ce que vous ferez ? Comment serez-vous ? Où habiterez-vous ?

....

Points d'orthographe grammaticale : le féminin des adjectifs

• Les adjectifs terminés en **-e** ne changent pas : *libre – rouge – juste – moderne – classique – tranquille – jaune...*
• Les adjectifs masculins en **-er** ont un féminin en **-ère** :
– avec un changement à l'écrit mais pas à l'oral : *fier, fière – cher, chère...*
– avec un changement à l'écrit et à l'oral : *étranger, étrangère – premier, première – dernier, dernière...*
Certains adjectifs doublent la consonne finale au féminin : *italien, italienne – gros, grosse – bon, bonne – gentil, gentille...*
D'autres changent de syllabe finale au féminin : *heureux, heureuse – sportif, sportive – doux, douce – blanc, blanche...*

/// 9. Mettez ces phrases au féminin.

a. Il est grand, brun, et très gentil...

b. C'est un petit garçon doux, très calme, sérieux et tranquille...

c. Il est très fier et très heureux de son succès à l'examen...

d. Il est sportif, mince et sympathique..

/// OBSERVEZ, RÉFLÉCHISSEZ, RÉPONDEZ...

> Ma chère Lydie,
>
> Merci pour ta lettre. Je suis très heureux pour toi.
> Alors, c'est vraiment l'homme de ta vie, cette fois ? Dis-moi comment il est.
> Il est blond ou brun ? Brun, je suppose, je sais que tu préfères les bruns.
> Et ses yeux, ils sont comment ? Bruns aussi ?
> Je suis sûr qu'il n'a pas de barbe, tu détestes ça. Est-ce qu'il a une moustache ?
> Il est grand ? Plus grand que moi ? Il porte des lunettes ?
> Qu'est-ce qu'il fait dans la vie ? Il travaille à La Poste avec toi ?
> Raconte-moi vite ! Je veux tout savoir.
>
> Richard

/// **10.** Quelle est la question qui correspond à la réponse ?

a. – ....? – Non, brun.
b. – ....? – Très bleus.
c. – ....? – Non, pas de barbe et pas de moustache.
d. – ....? – Non, il est conducteur de bus.
e. – ....? – Oui, cette fois, c'est sérieux !

/// **11.** Décrivez une personne que vous aimez.

....
....
....
....

Comment faire pour... s'informer sur quelqu'un.

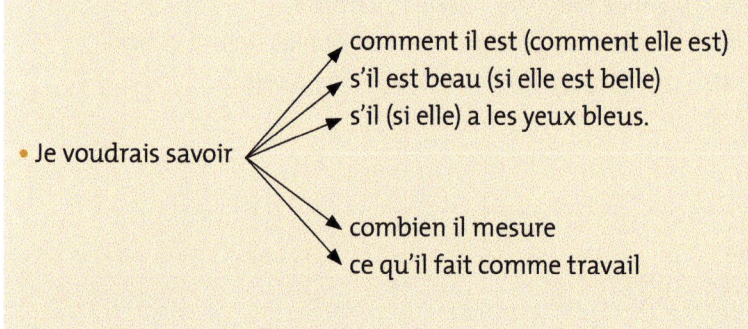

« Comment est-il ? Comment est-elle ? »
« Il est beau ? Elle est belle ? »
« Est-ce qu'il (elle) a les yeux bleus ? »
« Il a les yeux de quelle couleur ? »

« Il (elle) mesure combien ? »
« Il (elle) est grand(e) ? »
« Il (elle) travaille où ? »
« Qu'est-ce qu'il fait comme travail ? »

À VOUS D'ÉCRIRE

> Hier, vers 14 h 30, dans le train Melun-Paris. Moi, grand, brun, avec une écharpe blanche et des lunettes de soleil.
> Toi, blonde, mince, jolie, avec un béret noir et un livre (Stendhal).
> Nous avons échangé des sourires. J'aimerais te revoir.
> Si tu te reconnais, appelle-moi au 0664546888.

> Mardi dernier au Resto-U*, nous avons mangé à la même table. Toi, blond, barbu, italien, je crois (ERASMUS ?). Moi, brune, cheveux longs, yeux verts. Nous avons parlé de Fellini. J'aimerais te revoir.
> Si tu es d'accord, rendez-vous même heure même endroit mardi prochain.

***Resto-U** = restaurant universitaire.

/// **12.** À vous… La semaine dernière, vous avez rencontré quelqu'un dans le bus 32. Vous envoyez une petite annonce pour le (ou la) revoir.

....
....
....
....
....
....
....

Le blog de Tania

J'ai toujours rêvé de la Chine et me voilà à Taïwan. J'adore Taipei, il y a un mélange extraordinaire de modernisme (des buildings immenses et splendides) et de tradition (des petites rues avec des restaurants minuscules en plein air, des temples un peu partout, des maisons anciennes). Et les marchés de nuit, fantastique !

• Qu'est-ce que Tania aime beaucoup à Tapei ?

....

UNITÉ 3 /// Elle est comment ? /// 51

LEÇON 8

MOI, JE LA TROUVE TRÈS JOLIE !

OBJECTIFS FONCTIONNELS : Décrire quelqu'un (2) – Exprimer son opinion sur quelqu'un (1).
LEXIQUE : Les caractéristiques physiques (2) et morales (1) de quelqu'un.
GRAMMAIRE : Le pronom ON – La phrase négative (3) – La proposition complétive (1).
POINT D'ORTHOGRAPHE LEXICALE : L'accent circonflexe.
POINT D'ORTHOGRAPHE GRAMMATICALE : Le féminin des adjectifs (2).
COMMENT FAIRE POUR... : Exprimer son opinion sur quelqu'un (1).

1.
2.
3.

/// **1.** Voici trois candidates pour le même poste : attachée de presse dans le domaine culturel. Décrivez-les. Laquelle préférez-vous ? Pourquoi ?

Candidate 1 : ....
....
Candidate 2 : ....
....
Candidate 3 : ....
....
Ma préférée : ...., parce que ....
....

UNITÉ 3 /// Elle est comment ? /// 52

OBSERVEZ

> *La nouvelle maîtresse*
>
> *Notre nouvelle maîtresse s'appelle Victoria. Elle est très jolie. Elle a des cheveux roux et ses yeux sont très bleus. Elle a des taches de rousseur sur le nez et elle dit que c'est parce que sa mère est irlandaise. Elle n'est ni trop grande ni trop petite, elle est juste bien.*
>
> *Elle est très gentille. Elle ne dit jamais rien, même quand on fait du bruit. Quand on est sages, elle nous donne des images et des bonbons. On l'aime beaucoup parce qu'elle ne se fâche jamais. Elle est super !*
>
> *Elle est jeune, elle a vingt-deux ans ! C'est la première fois qu'elle travaille dans une école.*
>
> *On lui a demandé si elle a un amoureux. Oui ! Il s'appelle Patrick et il habite en Irlande.*

Vocabulaire
- **la maîtresse** = l'institutrice (professeur dans une école).
- être **sage** = être tranquille.
- Elle est **juste bien** : elle a une taille moyenne (ni trop grande, ni trop petite).
- Elle a **des taches de rousseur**.

/// **2.** À votre avis, l'auteur de ce texte a : ☐ **a.** 9 ans   ☐ **b.** 13 ans   ☐ **c.** 16 ans.
Justifiez votre réponse.

Je pense que l'auteur de ce texte a .... ans parce que ....
et que ....

/// **3.** Qui est Victoria ?

a.

b.

/// **4.** Voici un collègue de Victoria. Imaginez que vous êtes un parent d'élève. Faites la description de ce maître.

Cette année, mon fils Thomas a un nouveau maître.

// **DES MOTS POUR LE DIRE**

Des noms
la taille (1,75 m) – le poids (65 kilos)
le caractère

Des adjectifs
gentil ≠ méchant – sévère ≠ indulgent
patient ≠ impatient – triste ≠ gai
jeune ≠ vieux – gros ≠ maigre
nouveau ≠ ancien – long ≠ court

Des verbes
se fâcher – donner – rire – s'amuser

Des expressions
avoir bon caractère, avoir mauvais caractère
se mettre en colère
Il (elle) est super !

/// **5.** Faites le portrait contraire. Attention aux phrases négatives.

Mon maître
On ne l'aime pas beaucoup.
Il est grand et maigre. Il est assez vieux et il a très mauvais caractère.
Il se fâche souvent. Il a l'air triste et il est méchant. Il ne rit jamais.
Il est toujours sévère avec nous.

Le maître de Cédric
On l'aime beaucoup.
....
....
....
....
....
....
....
Il est super !

Orthographe d'usage : l'accent circonflexe (^)

- Il peut se placer sur le **a** *(un bâtiment)*, sur le **e** *(la fête, le rêve)*, sur le **i** *(une île)*, sur le **o** *(un diplôme)* et le **u** *(un fruit mûr)*.
- Il indique que la voyelle est plus longue et plus fermée. Comparez : *des **pâtes**/il marche à quatre **pattes***.
- Il correspond souvent à l'ancien **-s** latin. Observez : *la fête/le festival – la bête/la bestialité*.
- Il permet aussi de distinguer à l'écrit des mots qui se prononcent de la même façon : *le mur/un fruit mûr – sur la table/j'en suis sûr*.

/// **6.** Cherchez dans votre dictionnaire les mots de la même famille que :

a. *fête* commençant par « fest » ...., ..., ...

b. *hôpital* commençant par « hosp » ...., ..., ...

c. *vêtement* commençant par « vest » ...., ..., ...

/// **7.** Mettez un accent circonflexe si nécessaire.

a. C'est demain la fete de Victor. Je suis sur qu'il va passer une journée de reve.

b. Monsieur Grenier travaille dans un hopital de banlieue.

// ET LA GRAMMAIRE ?

1. Le pronom ON
Il est très fréquent, à l'oral mais aussi dans les écrits un peu familiers. Il peut remplacer le pronom « nous » ou bien « les gens en général » ou bien « quelqu'un ».
*Lucas, Elsa et moi, **on** est amis depuis longtemps.*
*Au Sénégal, **on** parle français.*
***On** ne m'a pas laissé un message ce matin ?*
Attention ! Il est toujours suivi d'un verbe au singulier.
***On** adore tous notre nouvelle maîtresse.*
*Christophe, Martin et moi, **on** a le même âge.*

2. Les phrases négatives (3) Plusieurs négations : quel ordre ?
Avec un verbe à la forme simple
Observez. *Il n'y a **rien** d'intéressant à la télévision.*
*Il n'y a **plus rien** d'intéressant à la télévision.*
*Il n'y a **jamais rien** d'intéressant à la télévision.*
*Il n'y a **plus jamais rien** d'intéressant à la télévision. Il n'y a **jamais plus rien** d'intéressant à la télévision.*
*Il n'invite **personne**.*
*Il n'invite **plus personne**.*
*Il n'invite **jamais personne**.*
*Il n'invite **plus jamais personne**. Il n'invite **jamais plus personne**.*
Que constatez-vous ? → On peut utiliser plusieurs négations en même temps (mais jamais avec **PAS**)
→ **Rien** et **personne** sont toujours en dernière position.

3. La proposition complétive (1). Elle complète la proposition principale.
*Je trouve **qu'elle est gentille**.*	TROUVER QUE...
*Elle dit **qu'elle a un amoureux**.*	DIRE QUE...
*Les enfants lui demandent **si elle a un amoureux**.*	DEMANDER SI...
*Ils demandent **comment il s'appelle** et **où il habite**.*	DEMANDER COMMENT, OÙ, POURQUOI...
*Elle répond **qu'il s'appelle Patrick** et **qu'il habite en Irlande**.*	RÉPONDRE QUE...

OUTILS

/// 8. Complétez.

Je voudrais savoir	ton nom	→ Je voudrais savoir comment tu t'appelles.
	ton adresse	→ Je voudrais savoir ....
	tes sentiments pour moi	→ Je voudrais savoir ....

Points d'orthographe grammaticale : encore les adjectifs
- Attention au féminin de certains adjectifs : *public, publique – turc, turque*, mais *grec, grecque – sec, sèche – blanc, blanche*.
- Attention à trois adjectifs un peu particuliers au singulier : **beau, nouveau, vieux**. Observez et formulez la règle.
– *un beau livre, un bel été, une belle image, une belle fille.*
– *un nouveau maître, un nouvel élève, une nouvelle maîtresse, une nouvelle amie.*
– *un vieux film, un vieil arbre, une vieille histoire, une vieille femme.*
- Attention aussi à l'adjectif démonstratif : *ce garçon, cet homme, cette histoire, cette fille.*

/// 9. Formulez vous-même la règle.

....
....

UNITÉ 3 /// Elle est comment ? /// 55

// OBSERVEZ, RÉFLÉCHISSEZ, RÉPONDEZ...

> Christian s'est marié trois fois. Sa première femme, Marie, était blonde, grande, très belle, avec des yeux clairs ; pas très sympathique, très froide. Elle détestait son travail. Elle n'aimait pas les enfants. Une femme sophistiquée et assez arrogante !
>
> La deuxième, Stéphanie, était une grande fille, très jolie, avec des yeux très bleus et des cheveux blonds. Elle était gaie mais pas très fidèle et souvent coléreuse. Elle avait très mauvais caractère. Elle ne supportait pas son travail, elle se fâchait toujours avec ses collègues et avec le monde entier !
>
> La troisième, c'est moi, Clara. Je suis tout le contraire des deux autres, physiquement et moralement.

/// **10.** Quels sont les points communs entre Marie et Stéphanie ?

Physiquement, elles sont toutes les deux ....

Elles ont un trait de **caractère** commun : ....

/// **11.** Cette photo représente Marie, Stéphanie ou Clara ? Justifiez votre réponse.

....
....
....
....
....
....
....

/// **12.** Faites le portrait physique et moral de Clara.

....
....
....

Comment faire pour... exprimer son opinion sur quelqu'un (1).

• Dis-moi, comment tu trouves la nouvelle amie de Tom ?

Je trouve qu'elle est très sympathique. ou	Je **la** trouve très sympathique.
Je pense qu'elle est très sympathique.	Elle me semble très sympathique.
J'ai l'impression qu'elle est très sympathique.	Elle me paraît très sympathique.

UNITÉ 3 /// Elle est comment ? /// 56

/// À VOUS D'ÉCRIRE

/// **13.** Choisissez une photo de vous que vous aimez beaucoup. Décrivez-la et expliquez pourquoi vous l'aimez.

....
....
....
....
....

/// **14.** L'été prochain, vous allez passer trois semaines à Montréal, dans une famille, pour perfectionner votre français.
Vous leur écrivez pour la première fois : vous expliquez comment vous êtes physiquement, vous décrivez votre caractère, vous dites ce que vous aimez et ce que vous n'aimez pas.
Utilisez votre dictionnaire.

Chère madame,

....
....
....
....
....

Très amicalement et à bientôt,

....

Le blog de Tania

Je n'ai jamais vu des couleurs pareilles... Mais oui, je suis au Québec ! Hier, j'ai fait une randonnée de 20 kilomètres dans la forêt, c'était d'une beauté extraordinaire.
On est le 2 octobre et il fait très beau.

- Pourquoi le Québec est-il très beau en automne ?

....

- Qu'est-ce que Tania a fait hier ?

....

LEÇON 9

ELLE N'EST PAS MAL MAIS JE PRÉFÈRE SA SŒUR !

OBJECTIFS FONCTIONNELS : Décrire quelqu'un (3) – Exprimer son opinion sur quelqu'un (2) – Comparer deux personnes.
LEXIQUE : Les qualités et les défauts – Les caractéristiques morales (2), intellectuelles, artistiques – L'expression du jugement.
GRAMMAIRE : La proposition complétive (2) – La comparaison (1).
POINT D'ORTHOGRAPHE LEXICALE : Les mots invariables.
POINT D'ORTHOGRAPHE GRAMMATICALE : Le pluriel des noms.
COMMENT FAIRE POUR... : Exprimer son opinion sur quelqu'un (2).

Nous sommes deux sœurs jumelles
Nées sous le signe des gémeaux
Toutes deux demoiselles
Fa si la sol la si la do…

/// **1.** Catherine Deneuve et Françoise Dorléac : deux sœurs qui ne sont pas jumelles mais qui se ressemblent. Laquelle préférez-vous ? Pourquoi ?

....
....
....

UNITÉ 3 /// Elle est comment ? /// 58

// **OBSERVEZ**

Nouveau Message

Exp : maudlonguet@hotmail.com
Dest : stellanapoli@aol.it
Date : lundi 1er octobre 2016

Salut, Stella, comment ça va ? Moi, je vais super bien ! J'ai eu 15 à mon exposé en classe d'italien, grâce à toi. Merci pour le document que tu m'as envoyé. C'était très utile ! Si tu veux quelque chose pour tes cours de français, dis-le moi.

Hier, je suis allée avec des copines à un concert super de Cœur de pirate près des Champs-Elysées. Tu la connais ? Je l'adore, je trouve qu'elle a tout pour elle : elle est belle, elle chante bien, elle est drôle... C'est ma chanteuse préférée. Elle est assez célèbre en France. En Italie aussi ?

Bisous

Vocabulaire

- **j'ai eu 15** = 15/20 (c'est une très bonne note en France).
- **grâce à** : idée de cause positive (c'est parce que Stella a envoyé des documents que Maud a eu une bonne note).
- **un exposé** = la présentation orale d'un sujet (**faire** un exposé).
- elle a **tout pour elle** = elle a toutes les qualités.
- être **connu**(e) = être célèbre.
- **super, fantastique, extra, génial...** = très bien, excellent.
- **envoyer** quelque chose (un mail, une lettre, un paquet...) = expédier.

/// **2.** Qu'est-ce qu'on peut deviner sur Maud (son âge, ses goûts, son caractère, l'endroit où elle habite...) ?

Elle est ....
Elle est ....
Elle vit ....

Nouveau Message

Exp : stellanapoli@aol.it
Dest : maudlonguet@hotmail.com
Date : mercredi 3 octobre 2016

Oui, bien sûr, elle est connue ici. Je l'aime bien mais je préfère Ariane Moffatt. Tu la connais ? Je crois qu'elle est connue aussi en France. Tu vois qui c'est ? Elle est plus originale que Cœur de Pirate à mon avis.

Stella

/// **3.** Résumez en une phrase l'e-mail de Stella.

....
....

/// DES MOTS POUR LE DIRE

Des noms
un acteur, une actrice
un chanteur, une chanteuse

Des adjectifs
être génial(e), remarquable, intelligent(e)
être connu(e) ≠ être inconnu(e)
original(e) ≠ banal(e)

Des verbes
adorer – aimer – préférer – détester

Des expressions
À mon avis, … – Tu vois qui c'est ?
Il est génial ≠ il est nul

/// 4. Classez du plus fort au plus faible.
a. Je la trouve pas mal. b. Je la trouve nulle. c. Je la trouve géniale. d. Je la trouve un peu sotte. e. Je la trouve très bien.

....

/// 5. Avec les adjectifs des leçons 8 et 9 (et avec votre dictionnaire), décrivez cette photo.

....
....
....
....
....
....
....
....
....
....
....
....

Orthographe d'usage : les mots invariables (prépositions et adverbes)

Ils s'écrivent toujours de la même manière. Attention à l'orthographe de :
- ceux qui se terminent toujours par **-s** : *dans, longtemps, dessus, dessous, dedans, dehors, jamais, plus, moins…*
- ceux qui s'écrivent en un seul mot : *longtemps, autrefois, quelquefois, bientôt, aussitôt, plutôt, davantage…*
- ceux qui demandent un trait d'union : *là-bas, peut-être, c'est-à-dire…*
- ceux qui demandent une apostrophe : *aujourd'hui, d'abord, jusqu'à…*

ET LA GRAMMAIRE ?

1. La proposition complétive (2) avec un verbe à l'indicatif

- je suppose que
- j'ai l'impression que
- je crois que = il me semble que
- je pense que
- j'espère que
- je suis sûr(e), certain(e) que

Je suppose que tu sais ce que tu fais !
J'ai l'impression qu'il va pleuvoir.
Je crois que cette actrice est connue en France.
Je pense que tu peux réussir ce concours.
J'espère que tu vas bien.
Je suis sûr qu'il va venir.

/// 6. Lisez ce petit texte et cochez la phrase qui le résume le plus exactement.

Nous attendons Sam depuis une demi-heure et il n'arrive pas... Est-ce qu'il a oublié le rendez-vous ?
Lisa : Non. Quand Sam dit quelque chose, il le fait toujours. On peut avoir absolument confiance en lui.

☐ **a.** Lisa pense que Sam va arriver. ☐ **b.** Lisa est certaine que Sam va arriver. ☐ **c.** Lisa espère que Sam va arriver.

2. La comparaison PLUS, AUSSI, MOINS + adjectif + que

*Il est **plus** intelligent **que** son frère mais **moins** sympathique **que** lui.*
*Ce chanteur n'est pas **aussi** célèbre en France **qu'**aux États-Unis.*

/// 7. Voici trois actrices. Comparez-les (deux phrases).

Marion Cotillard　　　　　**Nicole Kidman**　　　　　**Monica Belluci**

a. ....
b. ....

Points d'orthographe grammaticale : le pluriel des noms

En général, on ajoute **-s** au nom singulier : *une actrice, des actrices*. Mais il y a des cas particuliers :
- si le nom singulier se termine par **-s, -x, -z**, il ne change pas au pluriel : *une voix, des voix*.
- si le nom singulier se termine en **-al**, le pluriel est en **-aux** : *un cheval, des chevaux* (exceptions : *bal, carnaval, festival...*).
- si le nom singulier se termine en **-ail**, le pluriel est en **-ails** (*des rails, des éventails*) ou en **-aux** (*des travaux, des vitraux...*).
- si le nom singulier se termine en **-au, -eau, -eu**, le pluriel se termine presque toujours par un **-x** : *des gâteaux, des bateaux*.

/// 8. Mettez au pluriel ce qui est souligné.

a. J'ai rencontré un Finlandais.

b. Tu vois le bateau, là-bas ?

c. Elle aime le bal, la fête mais pas le carnaval.

d. Tu peux rapporter le journal et un gâteau ?

e. Il a acheté un tapis turc.

f. Tu connais le prix ?

/// **OBSERVEZ, RÉFLÉCHISSEZ, RÉPONDEZ...**

> J'aime bien ma cousine Véra. Elle est toujours de bonne humeur, elle adore rire. Pour moi, la gaieté, c'est très important. Je déteste les gens qui ne savent pas s'amuser. Je pense qu'il faut prendre la vie du bon côté. Véra est optimiste, comme moi, et à mon avis, l'optimisme est une qualité très importante chez quelqu'un.
> Bien sûr, quelquefois, elle a des problèmes comme tout le monde. Elle est triste de temps en temps mais très vite, le sourire revient. Elle ne se plaint jamais.
> Véra me plaît beaucoup et elle plaît à tout le monde.

Vocabulaire
- Attention : **les gens**, toujours pluriel – **tout le monde**, toujours singulier.
- **prendre la vie du bon côté** : voir les aspects positifs de la vie (être **optimiste**).
- être **optimiste** ≠ être **pessimiste** ; **l'optimisme** ≠ **le pessimisme**.
- être **de bonne humeur** ≠ être **de mauvaise humeur**.
- **une qualité** ≠ un défaut.
- **se plaindre de** quelque chose : voir le côté négatif de quelque chose ou protester contre quelque chose.
- **plaire à quelqu'un** : Véra plaît à tout le monde = tout le monde l'aime bien.

/// **9.** En quelques lignes, faites le portrait d'un pessimiste. Il voit tout en noir !

....
....
....
....

/// **10.** Et vous ? Vous êtes plutôt optimiste ou plutôt pessimiste ? Donnez un exemple ou deux.

....
....
....

Comment faire pour... exprimer son opinion sur quelqu'un (2)
(du moins fort au plus fort)
- Opinion positive : *J'aime bien Véra – Elle me plaît beaucoup – Je l'aime beaucoup – Je l'adore.*
- Opinion négative : *Je n'aime pas trop Barbara – Je ne l'aime pas – Je ne l'aime pas du tout – Je la déteste – Je ne peux pas la supporter.*

UNITÉ 3 /// Elle est comment ? /// 62

// À VOUS D'ÉCRIRE

/// **11.** Le jeu des erreurs. Comparez ces deux dessins. Il y a cinq différences. Lesquelles ?

1. ....
2. ....
3. ....
4. ....
5. ....

/// **12.** Pensez à un acteur ou à une actrice que vous détestez. Qui est-ce ? En deux lignes, dites pourquoi vous le/la détestez.

....
....

Le blog de Tania

Je ne sais pas si vous êtes comme moi mais je suis fan de théâtre japonais. J'aime surtout le kabuki. Et hier, à Osaka, j'ai vu une représentation géniale. L'année dernière, l'acteur principal, Yajuro Bandô, était venu à Lyon mais je n'avais pas eu de place et j'étais désespérée. Et voilà, enfin, je l'ai vu !! Les maquillages, les costumes, la musique, tout était extra.

• Pourquoi Tania-elle était désespérée l'année dernière ?

....

• Qui est Bandô ?

....

UNITÉ 3 /// Elle est comment ? /// 63

PHONIE/GRAPHIE

http://competences.cle-international.com/

Ça se prononce comme ça, mais ça s'écrit comment ?

Le son [s], est facile à prononcer pour tous les apprenants de français. Il peut s'écrire de plusieurs manières. Il faut apprendre l'orthographe au fur et à mesure car il n'y a pas vraiment de règle.

Récapitulons !

Le son [s] peut s'écrire de différentes manières.

1. un seul **s** si le mot commence par cette lettre : **s**ur ; **S**ophie ; **s**pécial ; une **s**phère ; un **s**quelette ; **S**tanislas ; **s**tatistique...
– ou si le son [s] est entre une voyelle et une consonne : la p**s**ychologie ; un p**s**ychiatre ; la po**s**te ; a**s**thmatique ; optimi**s**me ; communi**s**te ; réformi**s**te ; capitali**s**te...
Attention : dans quelques mots, on prononce le **s** final : un o**s** ; un our**s**.

2. deux **s** si le son [s] est entre deux voyelles : a**ss**ez ; pa**ss**er ; le pa**ss**age ; la pa**ss**ion ; a**ss**ister ; lai**ss**er ; la maîtr**ess**e ; une dé**ess**e ; a**ss**a**ss**iner ; bl**ess**er ; une bl**ess**ure ; la progr**ess**ion ; a**ss**urer ; e**ss**uyer...
Attention : s'il n'y a qu'un seul **s** entre deux voyelles, on prononce [z] : un bouquet de ro**s**es ; l'A**s**ie ; le plai**s**ir...

3. un **c** devant les voyelles **e - i - y** : **ce**lui-**ci** ; **ce**lle-là ; **ceu**x-**ci** ; **ceu**x-là ; la ville de Ni**ce** ; mer**ci** ; une mena**ce** ; mena**ce**r ; re**ce**voir ; aper**ce**voir ; **ci**garette ; un **ci**tron ; un **cy**gne ; **cy**nique...

4. un **ç** (on prononce : c cédille) devant les voyelles **a - o - u** : **ç**a ; mena**ç**ant ; un gar**ç**on ; un gla**ç**on ; j'ai re**ç**u ; j'ai aper**ç**u...

5. un **t** devant **-i - o - n** (mais **attention**, pas toujours ! : la pa**ss**ion ; la progre**ss**ion.) : atten**tion** ; une na**tion** ; la forma**tion** ; la décep**tion** ; la percep**tion** ; une addi**tion**, une multiplica**tion** : une occupa**tion**...

Attention :
• six [sis] – dix [dis]
-e - x + consonne → [ks] : exceptionnel ; excitation ; un exploit ; extraordinaire ; un texte...
-e - x + voyelle → [gs] : un examen ; examiner ; un exercice ; exagérer ; exister.

/// **1.** Avec l'aide de votre dictionnaire, cherchez cinq mots de la même famille que « passer ».

– ....
– ....
– ....
– ....
– ....

/// **2.** Dans trois de ces mots, on n'entend pas le son [s]. Lesquels ?

la baisse – grâce – la graisse – le désert – le poisson – la raison – la contemplation – un assassin – la publicité – remercier – décider – assister – intéressant – le commerce – l'attention – deuxième – exportation – importation – remplacer – difficile.

Bilan

À la fin de cette d'unité, vous savez comment faire pour :
- décrire quelqu'un ou quelque chose.
- donner son opinion sur quelqu'un ou quelque chose.
- s'informer sur quelque chose.

Faites les exercices, vérifiez avec les corrigés, comptez vos points.

Bien sûr, dans cette unité, il n'est pas très facile de s'évaluer soi-même, mais vous pouvez quand même vérifier si vous avez pensé à l'essentiel. Comptez vos points.
Plus de 15, félicitations ! De 10 à 15, ça va. Moins de 10, attention ! Qu'est-ce qui se passe ?

1. Donnez les adjectifs contraires (si vous ne les connaissez pas, utilisez votre dictionnaire). …/3

a. une histoire très longue ≠ ……………………………………
b. il est très beau ≠ ……………………………………
c. c'est une histoire originale ≠ ……………………………………
d. un livre optimiste ≠ ……………………………………
e. un professeur sévère ≠ ……………………………………
f. un caractère gai ≠ ……………………………………

2. Décrivez votre professeur de français (son aspect physique, son caractère...). …/6

……………………………………
……………………………………
……………………………………
……………………………………
……………………………………

3. Vous venez de voir un film que vous avez adoré. En trois lignes, expliquez pourquoi. …/6

……………………………………
……………………………………
……………………………………

4. Vous êtes professeur de français et vous avez l'intention de passer une semaine à Paris avec votre classe. Vous demandez des précisions sur cet hôtel. …/5

Hôtel des Arts **
En plein Quartier Latin
Prix spéciaux pour les groupes

……………………………………
……………………………………
……………………………………
……………………………………
……………………………………

LEÇON 10 — À LOUER GÎTE TOUT CONFORT

OBJECTIFS FONCTIONNELS : Demander des renseignements sur quelque chose (2) – Donner des renseignements sur quelque chose (1) – Donner son opinion sur quelque chose.
LEXIQUE : Le prix, la taille, le nombre – Les éléments de confort.
GRAMMAIRE : La proposition complétive (3) – La comparaison (2).
POINT D'ORTHOGRAPHE LEXICALE : L'apostrophe (2) – La ponctuation (2).
POINT D'ORTHOGRAPHE GRAMMATICALE : Les homophones : orthographe de [se].
COMMENT FAIRE POUR... : S'informer sur quelque chose.

1. À LOUER Juillet-Août
Villa provençale 5 pièces tout confort. Piscine, grand jardin. 75 km de la mer. 22 km de l'autoroute. 6/8 personnes. Prix élevé justifié. Écrire au journal qui transmettra. n° 34567

2. On vend tout
Cause départ, vendons superbe canapé cuir noir, réfrigérateur état neuf, machine à laver la vaisselle, cuisinière électrique TBE, une table chêne et six chaises, vaisselle, etc. RV le 26 juillet entre 13 et 20 h. Paul et Jenny 34, rue des Cordes RENNES

3. Artisan peintre effectue tous travaux (peinture, pose de moquette, carrelage). Travail sérieux, tarifs étudiés. Tél. **01 45 64 20 55** après 20 h.

4. À vendre Champ-de-Mars Studio plein sud, 15 m², vraie fenêtre, clair, coin cuisine, douche, W.C. 6e étage ss asc. 180 000 euros. Agence s'abstenir. gdulac@club-internet.fr

5. Je cherche une personne sérieuse pour s'occuper de Valère, 2 ans, tous les matins de 8 à 12 h sauf le mercredi. Travail déclaré. Bordeaux. Tél. J. Moineau 05 56 78 93 35

6. Cours d'anglais tous niveaux par professeur anglais diplômé et expérimenté. 30 euros/h 01 45 44 72 09

7. Je vends piano droit bon état général. Prix à débattre. 0675765756

8. À VENDRE
Vêtements de bébé 0 à 3 ans, un lit pliant, un couffin, une table à langer, un landau, deux poussettes, divers jouets de bébé. Vêtements de grossesse taille 40. 500 euros le tout. dormeuilfred@yahoo.com

9. Plaine-Saint-Denis (93) près du Grand Stade de France.
À louer à partir du 1er sept. grand studio en rez-de-chaussée. Cuisine séparée, douche et toilettes. Cave. Faibles charges. Quartier vivant, proche écoles et commerces, à 10' du RER 600 euros + charges. Agence Fonci-Logis 01 34 68 73 40

10. À LOUER OU À VENDRE
Asnières Maison de ville 101 m2, bien agencée. Quartier calme et aéré. Faire offre au 0132599144

/// 1. Quelle annonce correspond à :

a. une maison à louer : ....

b. des jouets à vendre : ....

c. un appartement à vendre : ....

d. des meubles à vendre : ....

e. des cours à donner : ....

UNITÉ 4 /// C'est un endroit fantastique !

/// **OBSERVEZ**

GÎTES RURAUX DE BRETAGNE

Propriétaire : Perrault Jean-Marie • **Adresse :** Le Clos fleuri 22640 – Saint-André • **Téléphone :** 02 34 56 87 91

DESCRIPTION DU GÎTE (3 ÉPIS) LE CLOS FLEURI – 22640 SAINT-ANDRÉ

Ancienne écurie transformée en gîte en 2000, située sur la ferme des propriétaires.
Entrée indépendante, terrasse de 15 m2 devant le gîte.
Rez-de-chaussée : très grand séjour avec coin cuisine (cheminée) et coin salon, chambre, salle de bains, W.C. Premier étage : deux chambres, l'une avec salle de bains et W.C., l'autre avec salle d'eau et W.C.
Petit jardin (300 m2) derrière le gîte avec belle vue sur la côte.

Prix par semaine : BS : 400 euros – MS : 500 euros – HS : 650 euros – VS : 500 euros.

Vocabulaire
- **une écurie :** bâtiment pour les chevaux.
- **rez-de-chaussée** : étage 0.
- **3 épis** : bon confort
- **une salle de bains** (avec une baignoire), **une salle d'eau** (avec une douche).
- **BS** : basse saison (en hiver) – **MS** : moyenne saison (juin, septembre) – **HS** : haute saison (juillet/août).
- **VS** : vacances scolaires.

/// **2.** Vous êtes marié(e) et vous vivez à Lyon. Vous aimez la Bretagne et vous êtes intéressé(e) par cette annonce. Vous voulez venir pendant les vacances de Pâques (vacances scolaires zone A) avec deux enfants (et un bébé), un couple d'amis et un chat.
Vous écrivez pour demander des informations complémentaires. Vous voulez savoir :

– à quelle distance est la mer ; le nombre de lits (à une place ; à deux places) et s'il y a un lit de bébé ; si les charges (électricité, chauffage...) sont comprises dans le prix ; si les animaux sont acceptés ; quel acompte vous devez verser pour réserver.

Nouveau Message

Exp :
Dest :
Objet :

Lyon, 22 janvier 2017

Monsieur,
Je suis intéressé(e) par l'annonce concernant votre gîte rural à Saint-André.
....
....
....

Cordialement

UNITÉ 4 /// C'est un endroit fantastique ! /// 67

DES MOTS POUR LE DIRE

Des noms

une location – un gîte rural – une réservation – un contrat de location – un acompte (20 ou 30 % du prix total) – un village – une ferme – un lave-vaisselle – un lave-linge – un four – à micro-ondes

Des adjectifs

confortable – indépendant – calme

Des verbes

verser un acompte – payer les charges – louer – réserver

Deux expressions pour terminer une lettre

Je vous prie de croire à l'expression de mes sentiments les meilleurs.
ou
Je vous prie de recevoir mes sincères salutations.
Pour les e-mails : cordialement

/// 3. Vous êtes Jean-Marie Perrault, le propriétaire du gîte. Vous répondez au message du couple lyonnais.

Éléments pour votre lettre : (1) acompte : 80 euros – (2) mer : 2 kilomètres – (3) 2 lits à 2 places, 3 lits à 1 place, possibilité de trouver un lit de bébé – (4) charges non comprises – (5) chiens interdits, chats acceptés.

```
┌─────────────────────────────────────────────────┐
│  ● ● ●              Nouveau Message             │
├─────────────────────────────────────────────────┤
│  Exp :  [                                    ]  │
│  Dest : [                                    ]  │
│  Objet :[                                    ]  │
├─────────────────────────────────────────────────┤
│  Bonjour,                                       │
│  ..........................................    │
│  ..........................................    │
│  ..........................................    │
│  ..........................................    │
│  ..........................................    │
│  Cordialement,                                  │
│                       ....................     │
└─────────────────────────────────────────────────┘
```

Orthographe d'usage

1. L'apostrophe avec SI : si + il → **s'il** (*S'il vous plaît, je voudrais savoir **s'il** est possible...*) mais si + elle → **si elle**.

2. La ponctuation. La virgule marque une petite pause, une respiration entre deux éléments. Attention : il ne faut pas mettre de virgule entre le verbe et le complément d'objet s'il vient tout de suite derrière le verbe.

/// 4. Indiquez la différence de sens entre ces deux phrases.

a. Oh là là ! Attention ! Ce chien mord, ma petite fille !

b. Oh là là ! Attention ! Ce chien mord ma petite fille !

ET LA GRAMMAIRE ?

1. La proposition complétive (3) : l'interrogation indirecte

- Est-ce qu'il y a un lave-linge ? → Je voudrais savoir **s'**il y a un lave-linge
- Je peux payer avec ma carte bleue ? → Dites-moi **si** je peux payer avec ma carte.
- Pouvons-nous arriver avant dix heures ? → J'aimerais savoir **si** nous pouvons arriver avant dix heures.
- Les charges sont-elles comprises ? → Je voudrais savoir **si** les charges sont comprises.
- Il y a combien de lits dans ce gîte ? → Vous pouvez me dire **combien** de lits il y a ?
- Quand pouvons-nous arriver ? → Je voudrais savoir **quand** nous pouvons arriver.

Vous remarquez que dans l'interrogation indirecte, l'ordre est « normal » (sujet-verbe) : Je voudrais savoir *quand **nous pouvons** arriver*.

/// **5.** Vous êtes au marché aux puces. Vous admirez un très joli meuble ancien.
Vous demandez des renseignements au vendeur (le prix, l'époque, le mode de paiement, etc.).

Pardon, monsieur, pourriez-vous me dire ....
.... J'aimerais aussi savoir ....
.... et ....

2. La comparaison (2)

PLUS DE, AUTANT DE, MOINS DE + nom + **que**
(Rappel : **PLUS, AUSSI, MOINS** + adjectif ou adverbe + **QUE**)
Comparatifs irréguliers : **MEILLEUR** (*plus bon n'existe pas) – **MIEUX** (*plus bien n'existe pas)

– Quel gîte on choisit ? Le premier est un peu plus petit, il a **moins de** chambres mais il y a **plus de** soleil, il est orienté au sud. Il est bien, non ?
– Moi, je crois qu'il y a **autant de** lumière dans le second. Ils ont la même orientation.
Les deux sont aussi confortables : lave-linge, lave-vaisselle etc. Prenons le second, il est **mieux**. Il est plus grand.
– Oui mais il est **plus** cher.

/// **6.** Comparez en deux lignes ces deux studios.

> Studio de 25 m2 très bien situé, très clair. 6e étage sans ascenseur. Séjour, coin cuisine. Douche, W.C. séparés. Balcon. Prix : 750 euros charges comprises.

> Studio 21 m2, 6e étage avec ascenseur Séjour, cuisine séparée, salle d'eau + W.C. Quartier tranquille, tous commerces. Prix : 690 euros + charges

....
....

Point d'orthographe grammaticale : comment écrire le son [se] ?

Le son [se] peut s'écrire de plusieurs manières : **c'est** (*c'est* moi, *c'est* vrai, *c'est* bizarre…) – **s'est** (il *s'est* cassé la jambe, elle *s'est* levée tôt…) – **ces** (Regarde *ces* trois garçons, là-bas) – **ses** (Il s'occupe bien de *ses* deux enfants) – **sais** (Je *sais* faire la cuisine. Tu *sais* aussi, bien sûr. Et lui, il *sait* ou non ?).

/// **7.** Complétez.

Tu connais Léo ? Eh bien, ça y est ! .... quatre filles sont mariées ! .... Patricia qui .... mariée la première. Je le .... parce qu'elle a épousé mon cousin. Maintenant, Léo s'occupe de .... petits-enfants (il en a six), il .... très bien s'occuper d'eux.

/// **OBSERVEZ, RÉFLÉCHISSEZ, RÉPONDEZ...**

> **HENRI** – Tu as vu ma nouvelle voiture ? Comment tu la trouves ?
> **MARION** – Pas mal. Le coffre est un peu petit, non ?
> **HENRI** – Comment, trop petit ! Tu es folle !
> Et qu'est-ce que tu penses de la couleur ? C'est super, ce rouge, non ?
> **MARION** – Hum... Pas très discret. Elle consomme combien ?
> **HENRI** – Pas énormément : 8 litres aux cent. Elle monte à 200 sur autoroute. C'est un bolide !
> **MARION** – Oui mais la vitesse est limitée à 130. Alors...
> **HENRI** – Et l'intérieur tout en cuir blanc ! C'est beau, tu ne trouves pas ?
> **MARION** – Pas mal, pas mal... Mais c'est fragile, le blanc.
> **HENRI** – Quoi ! Elle ne te plaît pas, ma voiture ?

/// 8. Cochez la phrase correcte.
☐ **a.** Henri est très fier de sa nouvelle voiture. Marion n'aime pas du tout les voitures blanches.
☐ **b.** Henri et Marion ont acheté une nouvelle voiture rouge, jolie, très rapide et assez économique.
☐ **c.** Henri veut convaincre Marion que sa voiture est fantastique mais elle n'est pas très enthousiaste.

/// 9. Cochez l'expression qui a la même sens.

a. *pas énormément*	☐ 1. pas assez	☐ 2. pas beaucoup	☐ 3. pas du tout
b. *elle n'est pas mal*	☐ 1. je l'aime bien	☐ 2. je l'adore	☐ 3. je la trouve mal
c. *200 euros tout compris*	☐ 1. sans les charges	☐ 2. avec les charges	☐ 3. charges non comprises

/// 10. Que pensez-vous d'Henri ? Comment l'imaginez-vous ? Cherchez les adjectifs nécessaires dans votre dictionnaire.

....
....
....
....
....
....

Comment faire pour... demander une information sur quelque chose.

Pouvez-vous me dire le prix de cet ordinateur, s'il vous plaît ?
J'aimerais savoir le prix de cet ordinateur, s'il vous plaît.
Je voudrais savoir combien il coûte.
J'aimerais savoir si c'est le moins cher de sa catégorie.

Vous pouvez me dire la durée de la garantie ?
En cas de problème, qu'est-ce qui se passe ?
J'aimerais savoir comment faire en cas de problème.

À VOUS D'ÉCRIRE

/// 11. Vous voulez vendre votre vieux matériel de camping (tente, matelas pneumatiques, sacs de couchage, matériel de cuisine, etc.). Quelle annonce allez-vous mettre dans le journal ? Aidez-vous du dictionnaire.

À VENDRE

....
....
....
....
....
....
....
....

/// 12. Cette annonce vous intéresse. Quelles questions allez-vous poser au vendeur ?

> À vendre Renault Scenic, année 2000, gris métallisé.
> Très bon état général. Contrôle technique OK.
> Prix intéressant. Écrire au journal qui transmettra.

a. ....
b. ....
c. ....

Le blog de Tania

Ah ! Le plaisir de l'air marin. Entre deux voyages lointains, je fais une halte en Bretagne. J'ai loué un gîte à deux kilomètres de Cancale. La semaine dernière, j'ai fait la connaissance de Victor, un marin pêcheur. Son bateau est là, sur la photo. Je vais souvent pêcher avec lui, c'est génial !

• Cherchez Cancale sur la carte. Quelle est la grande ville la plus proche ?
....

• On peut deviner pour combien de temps Tania a loué son gîte ? Une semaine ou plus ? Comment le savez-vous ? ....
....

UNITÉ 4 /// C'est un endroit fantastique ! /// 71

LEÇON 11 — EMBARQUEMENT IMMÉDIAT PORTE 26

OBJECTIFS FONCTIONNELS : Demander des renseignements sur quelque chose (3) – Donner des informations sur quelque chose (2) – Décrire un lieu (1).
LEXIQUE : Les vacances, le tourisme – Les pays lointains – Le climat.
GRAMMAIRE : Le superlatif des adjectifs – Prépositions et noms de pays – Le verbe *devoir*.
POINT D'ORTHOGRAPHE LEXICALE : Les accents (rappel).
POINT D'ORTHOGRAPHE GRAMMATICALE : *Quel, quelle, quels, quelles*.
COMMENT FAIRE POUR... : Demander des renseignements sur un lieu (1).

/// **1.** Quels sont les points communs entre ces trois documents ?
a. ....
b. ....

/// **2.** À quel public s'adresse chaque guide ?
a. Guide du Routard : ....
b. Guide Ouest France : ....
c. Topo guides : ....

UNITÉ 4 /// C'est un endroit fantastique ! /// 72

OBSERVEZ

VENEZ EN SAVOIE, VENEZ AUX ARCS, LE PARADIS DU SKI

❄ Les Arcs ? Une référence, **LA** référence quand on aime les sports de glisse.

❄ Les Arcs, c'est une station de renommée mondiale, un panorama unique, face au Mont-Blanc.

❄ Les Arcs, c'est plus de 200 kilomètres de pistes balisées, un téléphérique qui vous emmène à plus de 3 000 mètres d'altitude, un paysage incomparable.

❄ Aux Arcs, nous vous proposons deux formules :

• La formule hôtel à partir de 70 euros par personne et par nuit en chambre double au cœur de la station, dans notre hôtel trois étoiles **Les Cimes**.

• La formule Résidence : studio-cabine 4 personnes à partir de 650 euros par semaine, linge et ménage compris, à 300 mètres des pistes.

Par la route : autoroute → Albertville, RN 90 → Bourg-Saint-Maurice, départementale 119 → Les Arcs.
En train : gare de Bourg-Saint-Maurice à 16 km. Prendre ensuite un car jusqu'aux Arcs.

Vocabulaire
- **les sports de glisse :** le ski alpin, le ski de fond, le scooter des neiges, la motoneige, la luge, le patin à glace, etc.
- **une station de ski, des pistes de ski** (par difficulté croissante : verte, bleue, rouge, noire).
- **un télésiège, un téléphérique.**
- **l'altitude :**  les Arcs se trouvent à 2 300 mètres d'altitude.

/// **3.** Vous êtes quatre personnes (deux couples). Vous voulez passer une semaine aux Arcs (la deuxième semaine de mars). Choisissez la formule la plus économique. Envoyez un mail pour réserver (adresse e-mail : www.airpur.com).

```
┌─────────────────────────────────────────────┐
│ ● ● ●           Nouveau Message             │
├─────────────────────────────────────────────┤
│ Exp :   [                                ]  │
│ Dest :  [                                ]  │
│ Objet : [ réservation deuxième semaine de Mars ] │
│                                             │
│  ........................................  │
│  ........................................  │
│  ........................................  │
│  ........................................  │
└─────────────────────────────────────────────┘
```

/// **4.** Vous écrivez un petit mot à vos amis pour leur expliquer comment arriver aux Arcs en voiture.

....
....

/// **DES MOTS POUR LE DIRE**

Des noms
l'altitude – l'air pur – la pollution – le sport – le ski – la patinoire – une résidence – un studio-cabine – une remontée mécanique

Des adjectifs
pur ≠ pollué
sportif, sportive

Des verbes
skier – patiner – respirer

Des expressions
les sports de glisse (ski, patins, etc.)

/// **5.** Cherchez dans votre dictionnaire les mots de la même famille.

a. patiner → ...., ..., ...

b. un mont → ....

/// **6.** Barrez le mot intrus.

a. sport – golf – ski – patinage – bicyclette – téléphérique – football – natation.

b. air – respirer – altitude – pureté – montagne – neige – métro – sommet – glacier.

/// **7.** Donnez deux bonnes raisons d'aller passer une semaine à la montagne chaque année.

a. ....

b. ....

Orthographe d'usage

Attention, rappel ! Vous ne devez pas mettre d'accent grave sur la lettre « e » si...
- la syllabe finale est : **e + c, e + f, e + l, e + r, e + t** ou **e + x**
Par exemple : **sec** – un **chef** – **quel** – la **mer** – **cet** été – **Alex**
- le **e** est devant une double consonne : **ll – nn – rr – ss – tt**
Par exemple : **elle** est **belle** – la **terre** – **essentielle** – une **lettre**...
- si la syllabe se termine par une consonne prononcée
Par exemple : **vert** – le **ciel** – **hier** – **merci** – **perdre**...

/// **8.** Complétez.

1. La devise de la France est : ...., Égalité, ...

2. Après lundi, c'est mardi. Après mardi, c'est ....

3. – Les appartements à Paris sont bon marché ? – Non, ils sont ....

4. J'adore la .... Méditerranée.

5. – Vous allez en Grèce en juillet ? – Non, nous irons plutôt cet ...., en décembre ou en janvier.

ET LA GRAMMAIRE ?

1. Le verbe DEVOIR

je dois – tu dois – il/elle doit – nous devons – vous devez – ils/elles doivent

Il peut exprimer :
- l'obligation : *Vous devez vous présenter au commissariat de police le 23 octobre à 15 h 15.*
- la probabilité : *– Quelle heure est-il, s'il vous plaît ?*
  – Je ne sais pas exactement. Il doit être 11 heures environ.
- au conditionnel, le conseil : *Tu devrais faire attention. Vous devriez vous reposer quelques jours.*

/// **9.** Dans les phrases suivantes, quelle valeur a le verbe « devoir » (obligation, probabilité ou conseil) ? (Attention à la phrase d)

a. Il doit être arrivé, à cette heure-ci.
b. Avant d'aller jouer, tu dois finir ton travail.
c. On devrait toujours être aimable avec les touristes étrangers.
d. Ils doivent se marier en avril.

2. Prépositions et noms de pays

- le Brésil, le Chili, le Mexique...
  → Je voudrais vivre **au** Mexique, aller **au** Chili, habiter **au** Brésil.
  → Monica n'est pas colombienne, elle vient **du** Brésil.

- la Suède, la Norvège, la Suisse l'Italie, l'Allemagne, l'Espagne
  → – Elle vit **en** Espagne ou **en** Suisse ? – Ni l'un ni l'autre. Elle vit **en** Suède.
  → Isabel est sud-américaine, elle vient **de** Bolivie.

- les Pays-Bas, les États-Unis, les Philippines
  → Ivan est russe mais il habite **aux** États-Unis depuis dix ans.
  → Vous venez **des** Pays-Bas ou **des** Philippines ?

- Cuba, Taïwan, Madagascar, Singapour, Java...
  → Je ne suis jamais allé(e) **à** Madagascar. Et vous ?
  → Il y a trois étudiants qui viennent **de** Taïwan dans mon cours.

/// **10.** Complétez avec la préposition qui convient.

a. Francesco connaît bien l'Europe. Il est déjà allé .... France, ... Espagne, ... Danemark, ... Pays-Bas, ... Grèce.
b. Il rentre de vacances, il revient .... Allemagne où il a passé deux semaines. Il étudie la biologie .... Italie.
c. Camila Sanchez, qui vient .... Pérou, étudie aussi la biologie, mais .... États-Unis.

3. Le superlatif des adjectifs

– *C'est **le plus beau** pays du monde.* – *C'est **le meilleur** restaurant de la ville.* (attention, rappel : *plus bon n'existe pas)
– *Megève est **la plus belle** station de ski des Alpes, à mon avis.* – *Oui mais pas **la moins chère** !*

Point d'orthographe grammaticale

QUEL, QUELLE, QUELS, QUELLES/LEQUEL, LAQUELLE, LESQUELS, LESQUELLES

– *On va voir **quel** film ? **Lequel** préfères-tu ? – N'importe **lequel**, ça m'est égal.*
– ***Quelle** pièce de théâtre veux-tu voir ? **Laquelle** tu as envie de voir ? – N'importe **laquelle**, c'est toi qui choisis.*
– ***Quels** gâteaux voulez-vous ? **Lesquels** voulez-vous ? – N'importe **lesquels**, je les aime tous.*
– ***Quelles** fleurs on achète ? Celles-ci ou celles-là ? **Lesquelles** je prends ? – N'importe **lesquelles**, elles sont magnifiques.*

UNITÉ 4 /// C'est un endroit fantastique !

// OBSERVEZ, RÉFLÉCHISSEZ, RÉPONDEZ...

SUR LES TRACES DU ROI MINOS
Circuit en Crète d'une semaine en pension complète à partir de 1 099 euros !

Jour 1 – Arrivée à Héraklion, capitale de la Crète. Transfert à l'hôtel, pot de bienvenue et dîner.

Jour 2 – Le matin, visite du musée archéologique d'Héraklion qui vous plongera dans les splendeurs de l'époque minoenne. L'après-midi, visite du palais de Knossos magnifiquement préservé. Ce palais qui date de 2 000 av. J.-C. se trouve dans un site habité depuis l'âge du bronze.

Jour 3 – On longera la côte est pour arriver à la palmeraie de Vai. On visitera ensuite un autre palais minoen, celui de Zakros. Soirée et nuit à Agios Nikolaos.

Jour 4 – Matin, visite du port d'Elounda puis croisière autour de l'île de Spinalonga. L'après-midi, visite de Gorthys, ancienne ville romaine datant du IVe siècle av. J-C. Dîner à Matala, au sud de l'île.

Jour 5 – On passera la matinée à Phaestos, site exceptionnel datant de plus de 4 000 ans. L'après-midi et le soir, visite du port de la Canée, l'ancienne capitale de la Crète.

Jour 6 – Cette journée sera sportive ! On se rendra dans les gorges d'Imbros. La descente, de 7 km, demande un bon état physique. Un autobus est prévu pour ceux qui ne désirent pas faire cette randonnée à pied. Baignade. Dîner et soirée d'adieu à Réthymnon, ville très agréable de la côte ouest.

Jour 7 – Retour en France.

Vous lisez cette publicité d'UlyssTour. Ce circuit vous intéresse. Vous voulez partir pendant la première semaine de juillet. Vous désirez plus d'informations : le prix à cette période de l'année, le climat, les conditions matérielles (confort des bus et des hôtels), les dépenses supplémentaires à prévoir, la présence ou non d'un guide francophone...).

/// 11. Pour vous-même, notez tout ce que vous voulez demander au voyagiste. Par exemple :
a. Est-ce qu'un passeport est obligatoire pour aller en Crète ?
b. Les départs ont lieu quel jour de la semaine ?
c. ....
d. ....
e. ....
f. ....
g. ....
h. ....

Comment faire pour... demander des renseignements sur un lieu.

Est-ce que c'est au bord de la mer ?
Il y a des autobus pour aller en ville ?
L'aéroport est à quelle distance ?
L'été, il fait très chaud ? Quelle température ?

Et en montagne, quel est le climat ?
C'est à quelle altitude ?
C'est à combien de kilomètres de la capitale ?
On peut louer une voiture ?
L'hôtel est dans la ville ou non ? Il y a une plage de sable ?

À VOUS D'ÉCRIRE

/// **12.** Un ami français veut visiter votre pays l'été prochain. Il vous demande des informations et des conseils pour son voyage.
C'est son premier voyage dans votre pays. Il est étudiant et pas très riche. Voici les questions qu'il vous pose :

a. Quel est le meilleur moment pour venir dans votre pays (juin, juillet, août ou septembre) ?

b. Quels sont les endroits les plus intéressants (il aime la nature, mais aussi les musées et les monuments) pour une première visite ?

c. Est-ce qu'il y a des hôtels bon marché ou des auberges de jeunesse ? Est-ce qu'on peut faire du camping ?

d. Combien d'argent il faut pour un séjour de deux semaines ?

e. Quels livres il peut lire (en français !) avant de partir, pour se préparer au voyage ? Etc.

Vous lui répondez.

Le blog de Tania

Du haut de ces pyramides, quarante siècles vous contemplent.
Ça, c'est Napoléon Bonaparte en 1798.
Moi, je vous dis simplement : du haut de ces pyramides, salut à vous tous !
C'est fabuleux mais il fait très très chaud. Ce que je préfère dans tout ça, c'est le sphinx, il surveille ses pyramides avec beaucoup de sérieux et il est très beau, très noble.

- Où se trouve Tania ?
....

- Pourquoi elle aime beaucoup la statue du Sphinx ?
....
....

UNITÉ 4 /// C'est un endroit fantastique ! /// 77

LEÇON 12 — VIVE LES VACANCES !

OBJECTIFS FONCTIONNELS : Décrire un lieu (2) – ... Comparer deux lieux – Exprimer son opinion sur un lieu.

LEXIQUE : La localisation – L'itinéraire.

GRAMMAIRE : La comparaison (3) – Le conditionnel de souhait – L'impératif négatif – L'imparfait (1).

POINT D'ORTHOGRAPHE LEXICALE : L'écriture des nombres (2).

POINT D'ORTHOGRAPHE GRAMMATICALE : L'impératif.

COMMENT FAIRE POUR... : Donner des informations sur un lieu.

/// **1.** À votre avis, où sont-ils ? Imaginez le lieu où ils se trouvent et comment ils passent leurs journées.

....
....
....
....
....
....

UNITÉ 4 /// C'est un endroit fantastique ! /// 78

OBSERVEZ

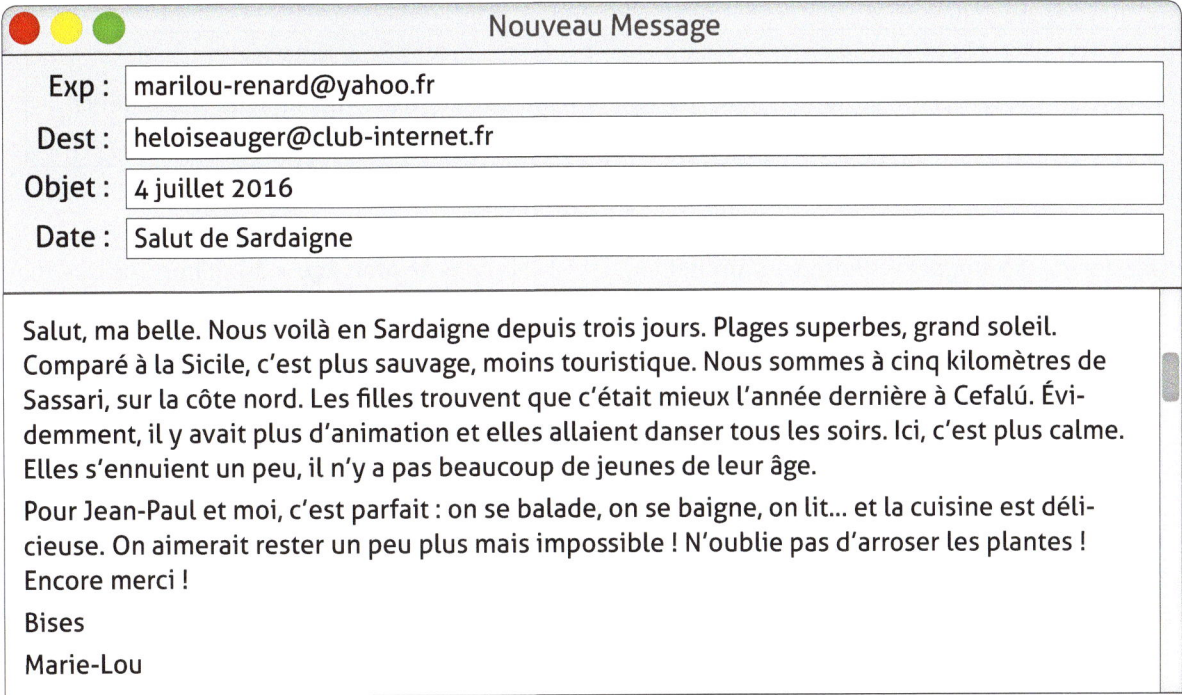

Vocabulaire
- un endroit **sauvage** = naturel, sans touristes.
- **évidemment** = bien sûr.
- **elles s'ennuient** (s'ennuyer) : elles ne s'amusent pas, elles ne savent pas quoi faire.
- **se balader** = se promener.
- **arroser** les plantes.

/// **2.** Vous êtes Anaïs, la fille de Marie-Lou et de Jean-Paul. Vous écrivez un petit message à votre amie Clara. Vous lui expliquez pourquoi vous vous ennuyez un peu en Sardaigne et vous lui dites pourquoi les vacances de l'année dernière en Sicile étaient plus amusantes.

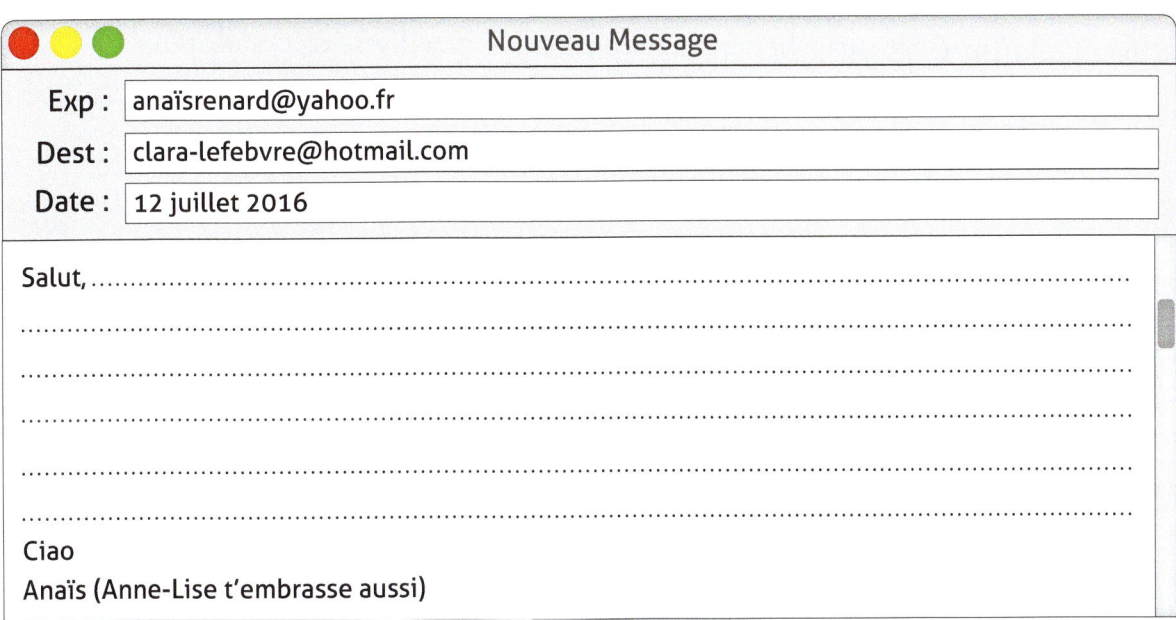

DES MOTS POUR LE DIRE

Des noms
la côte – les rochers – le sable – une promenade, une balade – la cuisine locale

Des adjectifs
c'est parfait, c'est merveilleux, c'est génial – c'est affreux, c'est terrible, c'est mortel, c'est nul

Des verbes
se promener – se baigner – bronzer – s'amuser – se distraire – s'ennuyer – regretter

Des expressions
des gens **de mon âge** = du même âge que moi
On ne sait pas **quoi faire**

/// **3.** Observez cette photo et commentez-la avec des noms et des verbes de cette page.

....
....
....
....
....
....

/// **4.** Cherchez les verbes pour le dire. Complétez avec les verbes : dîner – découvrir – visiter – profiter de – aller – déguster. Conjuguez-les à l'impératif (voir page 35).

MARSEILLE

À Marseille, ... à la fois des plaisirs de la mer et du charme d'une très belle ville. .... ses ruelles et son port légendaire, ... le mystérieux château d'If, ... à Cassis : les calanques sont magnifiques. Et le soir, ... dans l'un des restaurants du port. .... une bouillabaisse. C'est une spécialité typiquement marseillaise à base de poisson. Vous n'oublierez jamais cette expérience !

Orthographe d'usage

- **Vingt** et **cent**
Attention : multipliés, ils prennent un **s** mais ils le perdent s'ils sont suivis d'un autre nombre.
600 euros = *six cents euros* ; mais 604 euros = *six cent quatre euros*
80 ans = *quatre-vingts ans* ; mais 88 ans = *quatre-vingt-huit-ans*
- **Mille** est toujours invariable.

/// **5.** Complétez.
PARIS *intra-muros* **= 2 229 620 habitants**

Le nombre d'habitants à Paris *intra-muros* est : deux millions ....
....

UNITÉ 4 /// C'est un endroit fantastique ! /// 80

ET LA GRAMMAIRE ?

1. Parler du passé : l'imparfait
• Sa forme est facile, **très régulière** : on prend le radical de la 1re personne du pluriel du présent (« nous ») et on ajoute les terminaisons **-ais, -ais, -ait, -ions, -iez, -aient**.
ALLER : nous **all-**ons → j'all-**ais**, tu all-**ais**, il/elle all-**ait**, nous all-**ions**, vous all-**iez**, ils/elles all-**aient**
PRENDRE : nous **pren**-ons → je prenais, tu prenais, il/elle prenait, nous prenions, vous preniez, ils/elles prenaient. Une exception : **ÊTRE** : j'étais, tu étais, il/elle était, nous étions, vous étiez, ils/elles étaient.
• Il sert à décrire une situation, un cadre ; à exprimer un commentaire, une opinion ; à exprimer la répétition. Il exprime un temps continu, sans précision de durée, de début ou de fin.
Exemple : *Avant, **il vivait** à Nice.* (On ne sait pas exactement depuis quand, jusqu'à quand, pendant combien de temps il a habité à Nice.)

/// **6.** Conjuguez le verbe entre parenthèses à l'imparfait.
Avant, Jeanne et moi, nous *(habiter)* .... à la campagne. Tous les matins, nous *(prendre)* ....
la voiture pour aller travailler dans la petite ville de Soissons, à trente kilomètres de chez nous. C'*(être)* ....
assez fatigant, mais le soir nous *(être)* .... très contents de retrouver le jardin. Nous *(faire)* ....
.... du jardinage et tous les voisins *(admirer)* .... nos massifs de fleurs.

2. Le conditionnel
Il sert généralement à exprimer un désir, un souhait. Il se forme sur le futur (c'est une forme en **« r »**) mais il a les mêmes terminaisons que l'imparfait.
j'aime**rais**, tu aime**rais**, il/elle aime**rait**, nous aime**rions**, vous aime**riez**, ils/elles aime**raient**
je voud**rais**, tu voud**rais**, il/elle voud**rait**, nous voud**rions**, vous voud**riez**, ils/elles voud**raient**
*Pardon, **je voudrais** aller à la gare du Nord. C'est loin ?*
*Les filles de Jean-Paul **aimeraient** retourner en Sicile l'année prochaine.*

/// **7.** Pour vos prochaines vacances, qu'est-ce que vous aimeriez faire ? Où est-ce que vous aimeriez aller ?
....
....

3. La comparaison (3)
***Comparé à** Paris, New York est gigantesque.*
***Si on compare** Paris et New York, New York est gigantesque.*
Rappel des comparatifs irréguliers : *C'est **bien**, mais c'était **mieux** avant/C'était **mal**, mais c'est **pire** maintenant.*

4. L'impératif négatif : NE + impératif + autre négation
N'oublie pas les plantes ! – N'oublions jamais cette histoire ! – Ne faites rien de dangereux !

Point d'orthographe grammaticale : l'impératif

Rappel : • En général, on supprime le pronom sujet et on garde le verbe.   *Pars ! Partons ! Partez !*
Avec les verbes terminés en **-ER**, le **-s** final disparaît à la 2e personne du singulier   *Mange ! Range ta chambre !*
Va dans ta chambre ! Écoute-moi !

• **Mais** si l'impératif est suivi des pronoms **EN** ou **Y**, on laisse le **-s** final pour faciliter la prononciation.
Du pain ? Manges-en un peu, mais ne mange pas tout. Laisses-en un peu pour les autres. Va dans ta chambre. Vas-y vite !

/// OBSERVEZ, RÉFLÉCHISSEZ, RÉPONDEZ…

Quand j'étais enfant…

Quand j'étais enfant, j'habitais au bord de la mer, en Bretagne.
C'était une petite ville, Morgat, dans la presqu'île de Crozon. Il y avait une très grande plage et une jolie forêt de pins. L'été, mes cousins arrivaient de Paris pour les vacances ; nous partions ramasser des coquillages dans les rochers et nous allions jouer à marée basse dans les petites grottes. Nous avions envie de partir en mer avec les pêcheurs mais ma mère ne voulait pas. Elle avait peur de la mer. Alors, le soir, nous allions au port et nous regardions les bateaux rentrer.

/// **8.** Cherchez sur la carte la petite ville de Morgat. Entourez-la.

/// **9.** Relevez tous les mots qui évoquent la mer : la mer – une presqu'île – ....
....

/// **10.** Méditerranée ou Bretagne ?
Karen et Guillaume veulent aller au bord de la mer l'été prochain, mais où ? En Bretagne ou sur la Côte d'Azur ? Ils ne sont pas d'accord : Karen préfère la Bretagne, Guillaume préfère la Côte d'Azur. Ils vivent à Tours. Imaginez leurs arguments.

Comment faire pour… donner des informations sur un lieu.

Le village se trouve à 12 kilomètres de Brest.
Il est situé au bord de la mer.
C'est un village typique.
Il y a une plage de sable (une plage de galets).

La côte est rocheuse.
Le climat est chaud et sec.
C'est une région très ensoleillée.
Le climat est tempéré, pas trop chaud, pas trop froid.

À VOUS D'ÉCRIRE

/// **11.** Dans votre pays, où les gens vont-ils en vacances, en général ? Au bord de la mer ? En montagne ? À la campagne ? Qu'est-ce qu'ils préfèrent ? Pourquoi ?

....
....
....
....
....
....

/// **12.** Quand vous étiez enfant, où est-ce que vous alliez en vacances ? (Attention : il faut utiliser l'imparfait !)

....
....
....
....
....
....

/// **13.** Voici la recette (simplifiée) de la bouillabaisse de Marseille. Cherchez les mots inconnus dans le dictionnaire.
À vous de présenter une recette typique de votre pays. Utilisez des impératifs.

LA BOUILLABAISSE COMME A MARSEILLE
par Laurent MARIOTTE

Pour 4 personnes
- 1 litre de soupe de poisson de chez le poissonnier.
- 25 à 30 cl d'eau
  un peu de safran
- 2 à 3 pincées de piment de Cayenne
- 1 tomate bien mûre
- 1 oignon doux
- 1 gousse d'ail
- 800 g de différents poissons en filet, avec peau et sans arêtes
- sel, poivre, rouille et croûtons de pain.

Coupez les tomates en quartiers. Émincez finement l'oignon et hachez l'ail. Rassemblez le tout dans un plat creux. Ajoutez les poissons coupés en portions. Salez, poivrez, ajoutez le piment de Cayenne, le safran et mélangez délicatement.

Mélangez la soupe de poisson avec l'eau. Ajoutez-y la préparation précédente. Posez sur un feu vif et quand l'eau bout, mettez à feu doux. Laissez cuire 3 minutes, servez et dégustez avec des croûtons de pain dorés tartinés de rouille.

Le blog de Tania

Gla gla gla... Il fait -30° et je gèle malgré ma fourrure, mon bonnet et mes grosses bottes. J'habite chez Nicolaï, qui est sur cette photo. C'est un pêcheur d'Irkoutsk, en Sibérie. Il va souvent pêcher au lac Baïkal. L'hiver, il y a à peu près un mètre de glace. Alors, les pêcheurs creusent un trou très profond pour pouvoir pêcher. Aujourd'hui, Nicolaï est super content : la pêche a été bonne!

- Cherchez sur Internet où se trouve la ville d'Irkoutsk. C'est à combien de kilomètres de Moscou ? On peut y aller comment depuis Moscou ? ....
- Quand le lac Baïkal est gelé, comment font les pêcheurs ? ....

PHONIE/GRAPHIE

🎧 http://competences.cle-international.com/

Ça se prononce comme ça, mais ça s'écrit comment ?

Comme toutes les nasales, le son [ã] est difficile à prononcer pour presque tous les apprenants de français. De plus, ce son peut s'écrire de plusieurs manières. Encore une fois, ces variations sont dues à l'étymologie des mots. Par exemple, on écrit **le temps** (qu'on prononce [tã]) à cause de l'origine latine de ce mot : *tempus*.

Récapitulons !

Le son [ã] peut s'écrire de différentes manières :
1. **a - n** : il a dix ans ; un ange ; ancien ; maman ; un paysan ; manger ; ranger ; sans ; le sang ; un banc ; une banque ; la langue française ; l'anglais ; les vacances ; quarante ; cinquante ; soixante… ; ma tante Angèle ; un plan.
2. **e - n** : en ; encore ; les gens ; il est gentil ; s'enfuir ; s'ennuyer ; trente ; une tente ; l'enfer ; enfermer.
3. **a - n - d** : allemand ; grand ; un marchand.
4. **a - n - t** : méchant ; puissant ; amusant ; un enfant ; un passant ; un gant ; le chant.
Tous les participes présents se terminent en « -ant » : partant ; arrivant ; venant ; chantant ; faisant ; naissant…
5. **e - n - d** : Les verbes en **-DRE** comme ATTENDRE → j'attends, tu attends, il/elle attend ; je comprends, tu comprends, il/elle comprend.
6. **e - n - t** : cent ; lent ; mentir ; intelligent ; récent ; fréquent ; une dent ; l'argent.
Attention, rappel : la 3ᵉ personne du pluriel des verbes se termine le plus souvent par **« -ent »** mais cela ne se prononce jamais. Exemple : *ils disent* = [diz], *ils boivent* = [bwav].
7. **a - m - b** ou **a - m - p** : la jambe ; le jambon ; la chambre ; l'ambition ; le champ ; la campagne ; le champagne ; un champignon ; ramper.
8. **e - m - b** ou **e - m - p** : embrasser ; septembre ; novembre ; décembre ; empêcher ; de temps en temps.
Notez bien ces mots à l'orthographe étrange (si vous ne les connaissez pas, cherchez dans votre dictionnaire) :
un champ [ʃã] ; le temps [tã], le printemps ; le sang [sã] ; le rang [rã]
un banc [bã] ; blanc [blã] ; il est franc [frã]
un paon [pã] ; un faon [fã]
Rappel : tous les noms terminés en **« -ment »** sont masculins : le rangement.

/// **1.** Écrivez tous les mots qui se prononcent [sã] :
....
....

/// **2.** Dans le dictionnaire, cherchez tous les mots qui commencent par « champ… ».
....
....
....
....
....

/// **3.** Même exercice pour les mots qui commencent par « temp… ».
....
....
....
....

Bilan

À la fin de cette d'unité, vous savez comment faire pour :
- demander et donner des informations sur quelque chose.
- donner votre opinion sur quelque chose.
- exprimer quelque chose à l'imparfait.

Faites les exercices, vérifiez avec les corrigés, comptez vos points.
Si vous avez plus de 15, bravo ! De 10 à 15, c'est bien. Moins de 10, revoyez les trois leçons de cette unité !

1. Demandez de deux manières différentes. …/6

a. le prix d'une tablette
1. ....
2. ....

b. la surface d'un appartement à louer
1. ....
2. ....

c. l'adresse d'un bon cardiologue
1. ....
2. ....

2. L'imparfait. Comment imaginez-vous la France vers 1789 ? …/6

À cette époque, ...
....
....
....
....
....

3. Ils habitent dans quel pays ? …/3

a. Les Suisses → la ....
b. les Péruviens → le ....
c. les Mexicains → le ....
d. les Danois → le ....
e. les Chypriotes → ....
f. les Polonais → la ....

4. Quel est l'endroit où vous rêvez d'aller ? Pourquoi ? Expliquez en 4 ou 5 lignes. …/5

....
....
....
....
....

LEÇON 13

JOURNÉE DE RÊVE OU DE CAUCHEMAR ?

OBJECTIFS FONCTIONNELS : Raconter quelque chose (1) – Se situer dans le temps (1) – Ordonner un récit (1).
LEXIQUE : Les visites, les découvertes – Descriptifs d'itinéraire.
GRAMMAIRE : Le passé composé (1) avec l'auxiliaire ÊTRE – La relation imparfait/passé composé – Les connecteurs temporels (1).
POINT D'ORTHOGRAPHE LEXICALE : Les adverbes composés.
POINT D'ORTHOGRAPHE GRAMMATICALE : L'accord du participe passé (1) avec l'auxiliaire ÊTRE.
COMMENT FAIRE POUR... : Organiser un récit (1).

40ᵉ semaine — du 27 septembre — au 3 Octobre — SEPTEMBRE – OCTOBRE 2004

Lundi 27
- 14 : TUR
- 10 : R. V. avocat
- 13 : déjeuner Wilson

Mardi 28
- 9 : Rome – AF 204
- 14 : B. P.
- 12 : RV Pantalone
- 17 : Vol AF 432

Mercredi 29
- 15 : RV Siège BRT
- 11 : RV Sᵗ Ricaud
- 13 : Déjeuner dentiste

Notes

Jeudi 30
Venise
- 10 : RV Marco B.
- 12:00 : Allitalia, vol 233
- 13 : Vol AF 352

Vendredi 1ᵉʳ
- 9 : RV Bellochio & Wilson
- 12 : déjeuner Takada
- 15/16 : RV Rossi
- 19/20 : opéra Bastille

Samedi 2
- 10 : aquagym
- 11 : coiffeur + manucure

Dimanche 3

/// **1.** Le propriétaire de cet agenda est plutôt un homme ou plutôt une femme ? Pourquoi ?
....

À votre avis, quelle est sa profession ? ....

Comment l'imaginez-vous ? ....

OBSERVEZ

Le week-end dernier, Manuela et John sont allés à Amsterdam en bus. Ils sont partis le vendredi soir de Paris. Ils sont passés par la Belgique et ils sont arrivés le lendemain matin vers sept heures. Ils étaient un peu fatigués parce que le car n'était pas très confortable. Mais l'ambiance était très sympathique : il y avait des jeunes de tous les pays !

Ils sont allés au musée Van Gogh et au Rijksmuseum où ils sont restés toute la journée. Le dimanche, ils se sont promenés en bateau sur les canaux. Il faisait très beau, c'était magnifique.

Le rendez-vous pour le départ était à 22 h 30 devant la gare mais six personnes sont arrivées en retard et le bus est parti à 23 h 30 seulement. Ils sont arrivés à Paris lundi matin, à sept heures. Manuela est allée directement à son cours de biologie et John est allé se coucher : il était mort de fatigue !

Vocabulaire

- **le lendemain** = le jour suivant *Ils sont partis vendredi et ils sont arrivés le samedi, le lendemain.*
- être **fatigué**, être **mort de fatigue** (très très fatigué).
- Le bus n'était pas **confortable** (pas de sièges couchettes, par exemple).
- **une ambiance** = une atmosphère
- être **en retard** ≠ être **en avance**.

/// **2.** À votre avis, Manuela et John sont :

☐ **a.** étudiants à Paris   ☐ **b.** touristes en visite en France   ☐ **c.** professeurs de dessin.

/// **3.** Avec ce programme, racontez le week-end de Julia et Thomas à Nice.

CARNAVAL DE NICE ET FÊTE

23 février : départ de Paris à 19 h
24 février : arrivée à Nice à 9 h
matin : promenade dans Nice
après-midi : Carnaval (bataille de fleurs, corso, etc.)
25 février : départ pour Monte-Carlo et Monaco
après-midi : fête des citrons à Menton
17 h : départ pour Paris
25 février vers 7 h : arrivée à Paris

DES CITRONS DE MENTON

Ils sont partis le 23 février

UNITÉ 5 /// Faits divers /// 87

DES MOTS POUR LE DIRE

Des noms
un aller-retour – un rendez-vous le départ – l'arrivée – un séjour – une promenade – une excursion – une fête – un carnaval – un musée une visite – une découverte

Des adjectifs
sympathique – amusant – fatigant – reposant

Des expressions
être en avance
être en retard
être à l'heure

Des verbes
passer par – visiter – découvrir

/// 4. Cherchez les noms pour le dire. Complétez avec le nom qui convient : visite – départ – arrivée – excursion – rendez-vous – aller-retour.

a. Le 13 avril, nous vous proposons une .... au Mont-Saint-Michel.

b. L'.. se fait en autobus et coûte 70 euros.

c. Le .... de Paris est à 7 h 45 et l'.................................. au Mont-Saint-Michel vers midi.

d. La .... de l'abbaye commence à 14 h précises et elle dure une heure et demie.

e. Le .... pour le retour vers Paris est à 16 h 30 précises devant la porte principale.

/// 5. Cherchez les verbes pour le dire. Quel verbe correspond au nom ? (Utilisez votre dictionnaire.)

l'arrivée	→	*arriver*
une découverte	→	....
le départ	→	....
le repos	→	....
une réservation	→	....
une visite	→	....
une promenade	→	....
la sortie	→	....

Orthographe d'usage : les adverbes composés

- Certains adverbes se composent de plusieurs mots :
– ils ont parfois un trait d'union : *avant-hier – après-demain – peut-être – c'est-à-dire...*
– la plupart n'en ont pas : *à pied – tout de suite – tout à coup – de temps en temps...*

- **Rappel** : souvent, les adverbes qui étaient autrefois en plusieurs mots se sont « solidarisés » et ne font plus qu'un seul mot.
Par exemple : *longtemps – autrefois – quelquefois – la plupart – plutôt – bientôt – aussitôt – malheureusement*. Attention à l'orthographe de : *aujourd'hui*.

ET LA GRAMMAIRE ?

1. Le passé composé avec l'auxiliaire ÊTRE
Certains verbes se construisent avec l'auxiliaire ÊTRE + le participe passé. Il s'agit :
- des verbes exprimant un changement de position du corps dans l'espace :
aller – venir – partir – arriver – entrer – sortir – rester – monter – descendre – passer – tomber – retourner
et les verbes : *devenir – naître (il est né) – mourir (il est mort)*.
- de **tous** les verbes pronominaux : *se lever – se promener – se dépêcher – se baigner – s'amuser...*

/// 6. Conjuguez les verbes entre parenthèses.

a. Léa (*arriver*) .... la première en voiture. Ensuite, Patrick et Béatrice (*venir*) ....
par le train. Nous (*rester*) .... deux semaines ensemble. À la fin des vacances, chacun (*repartir*)
.... chez soi.

b. Hier soir, Pierre et moi nous (*sortir*) .... Nous (*aller*) .... au cinéma.
Après, nous (*rentrer*) .... à la maison à pied.

c. Napoléon (*naître*) .... en Corse en 1769. Il (*devenir*) .... premier consul
en 1799 et empereur en 1804. Il (*mourir*) .... à l'île Sainte-Hélène en 1821.

2. Imparfait/Passé composé
- On emploie **le passé composé** pour exprimer une action, un événement, un fait à un moment précis du passé :
Ils sont arrivés à dix-sept heures trente et ils sont repartis le lendemain matin à huit heures.
- On emploie **l'imparfait** pour présenter une action pendant son déroulement (sans indication de limites précises) :
En 1990, ils vivaient à San Francisco. (depuis combien de temps ? jusqu'à quand ? On ne le sait pas).
L'imparfait sert aussi à exprimer le décor, les circonstances, les commentaires, etc., dans un contexte au passé.
Quand ils sont arrivés à Lyon, il faisait déjà nuit et la ville était déserte.

/// 7. Reliez selon le sens.

a. Des voleurs sont venus visiter mon appartement   •   • 1. c'était trop tard !

b. Quand j'avais dix ans,   •   • 2. tu avais quel âge ?

c. Quand elle est arrivée, hélas !   •   • 3. pendant que j'étais en vacances.

d. Quand tu t'es installé à Milan,   •   • 4. quand ils étaient étudiants.

e. Ils se sont rencontrés à Londres   •   • 5. mes parents se sont séparés.

Points d'orthographe grammaticale : l'accord du participe passé avec ÊTRE.

Il est arrivé à la mairie à dix heures. Elle est arrivée un peu plus tard. Ils se sont mariés à onze heures.
→ On accorde le participe passé avec le sujet.
Mais attention ! Si le verbe pronominal est suivi d'un complément d'objet direct, on n'accorde pas.
Observez : *Elle s'est levée à six heures.*   mais   *Elle s'est lavé les cheveux* (les cheveux = C.O.D.)

OBSERVEZ, RÉFLÉCHISSEZ, RÉPONDEZ...

> **Une journée catastrophique**
>
> Hier, c'était une journée catastrophique pour tout le monde. D'abord, Lucas ne s'est pas réveillé à l'heure. Il est parti sans déjeuner et il est arrivé en retard au bureau. Moi, je suis partie à l'heure. Bien sûr, comme d'habitude, l'ascenseur était en panne. Et nous habitons au sixième étage ! En descendant, je suis tombée dans l'escalier. Impossible de me relever ! Je suis restée là un bon moment sans pouvoir bouger. Finalement, ce n'était rien, j'ai des bleus, c'est tout. Enfin, je suis remontée à la maison et je me suis recouchée.
>
> Quand les enfants sont revenus de l'école, le soir, ils se sont disputés. Ils étaient absolument insupportables. Lucas est rentré d'une humeur de chien : le dîner n'était pas prêt, la maison en désordre. Et moi, j'avais mal partout ! Quelle journée !

/// 8. À votre avis... Répondez par OUI ou NON en justifiant votre réponse.

a. C'est la mère de famille qui parle.   Oui/Non ....

b. La famille habite un appartement.   Oui/Non ....

c. Lucas a un caractère facile.   Oui/Non ....

/// 9. Vous êtes Lucas. Vous racontez cette journée selon votre point de vue.

....
....
....
....
....
....
....
....

Comment faire pour... organiser un récit.

C'était le 1er octobre 2014. Ce jour-là,................	– Ensuite,...........................
– Un peu plus tard,...................................	– Le soir,...........................
– Le lendemain matin,.................................	– Vers midi,........................
– La semaine suivante,................................	– Trois semaines après,.............

UNITÉ 5 /// Faits divers

À VOUS D'ÉCRIRE

10. Imaginez une journée de rêve, la journée idéale. Où êtes-vous ? Que faites-vous ? Avec qui ?

11. Choisissez une de ces destinations de voyage. Expliquez les raisons de votre choix.

1. Le Cantal, le pays des lacs et des volcans
Une semaine dans un petit hôtel familial dans un village typique du Cantal.
Bon accueil, excellente cuisine. Venez respirer l'air pur et découvrir le vrai visage de la France.
Depuis Paris, 410 euros en demi-pension.

2. CIRCUIT ANDALOUSIE SECRÈTE
En une semaine, vous allez parcourir cette magnifique région. Grenade et l'Alhambra, Séville, son Alcazar, la Giralda ; Cordoue, enfin, avec sa célèbre mosquée. Retour par Madrid, Ségovie, Burgos et Bilbao.
999 euros tout compris

3. UNE SEMAINE INOUBLIABLE À PARIS
Paris, la tour Eiffel, les Champs-Élysées… Mais aussi les musées, les théâtres, les salles de concert.
Sans oublier Montmartre et ses petites rues bien cachées, Saint-Germain-des-Prés et ses cafés, les parcs et les jardins.
Et la Seine… Toutes ces merveilles sont à vous pour moins de 1 000 euros.

Le blog de Tania

Mon vieux rêve se réalise : fêter la nouvelle année ici !
C'est beau, c'est grand, c'est vivant. Central Park sous la neige, c'est magique !
Et les musées ! On y passerait sa vie !
Très amicalement à vous tous,

- On est en quelle saison ? ....
- Pourquoi Tania est-elle contente d'être à New-York ?

LEÇON 14 — OÙ ÉTIEZ-VOUS LE 22 JUIN À 15 HEURES ?

OBJECTIFS FONCTIONNELS : Raconter quelque chose (2) – Se situer dans le temps (2) – Ordonner un récit (2).
LEXIQUE : L'emploi du temps.
GRAMMAIRE : Le passé composé (2) avec l'auxiliaire AVOIR – La formation du participe passé.
POINT D'ORTHOGRAPHE LEXICALE : les sons [f] et [k].
POINT D'ORTHOGRAPHE GRAMMATICALE : L'accord du participe passé avec AVOIR.
COMMENT FAIRE POUR... : Comprendre les relations imparfait/passé composé.

/// **1.** À votre avis, à quelle époque cette photo a-t-elle été prise ? justifiez votre réponse.

....
....
....

UNITÉ 5 /// Faits divers /// 92

// **OBSERVEZ**

L'inspecteur Fourton mène l'enquête…

– Alban Lebreton, n'est-ce pas ? Bonjour. Inspecteur Fourton, de la Police judiciaire.

Je voudrais savoir ce que vous avez fait dans la journée du 22 juin ?

– Le 22 juin ? Qu'est-ce que j'ai fait ? Attendez. Le 22 juin… ah oui, le lendemain de la Fête de la musique. J'étais ici, à Bordeaux. C'était un mercredi, je m'en souviens.

Comme je n'avais pas cours, je me suis levé tard, vers 11 heures, j'ai bu un café, je n'ai pas déjeuné à midi ; j'ai téléphoné à deux ou trois copains mais ils n'étaient pas là.

Et l'après-midi… Qu'est-ce que j'ai fait, l'après-midi ? Je n'ai rien fait de spécial. J'ai rangé un peu mon studio et j'ai travaillé parce que j'avais un examen deux jours plus tard.

Le soir, j'ai regardé la télé et je me suis couché tôt, vers 10 heures. C'est tout.

– Vous n'avez vu personne ce jour-là ? Et personne ne vous a vu ?

– Non, je ne crois pas. Je suis resté chez moi toute la journée. Pourquoi toutes ces questions ? Qu'est-ce qui s'est passé ? Mais enfin, expliquez-moi ce qui se passe ! Quelqu'un est mort ?

Vocabulaire

- **le 22 juin** – **la veille** : le 21 juin ; **le lendemain** : le 23 juin.
- **se souvenir de quelque chose** = je m'**en** souviens.
- **se souvenir de quelqu'un** = je me souviens **de lui**, **d'elle**, **d'eux**, **d'elles**.

Grammaire (rappel)

Qu'est-ce que vous avez fait ? Dites-moi **ce que** vous avez fait.
Je **n'**ai **pas** déjeuné à midi – Je **n'**ai **rien** fait, MAIS Je **n'**ai vu **personne**.

/// **2.** À partir des éléments suivants, racontez la journée de Stéphane Dubuisson.

Agenda

7 h = lever, petit déjeuner
7 h 30 = gymnastique
9 h = arrivée au bureau
9 h-13 h = travail
13 h = déjeuner à la cantine

Agenda

14h = rendez-vous avec Marc Dupin (E.V.L.)
15 h = discussion dossier Leblanc
18 h = RV Louis F. 95, bd Saint-Jacques
20 h 30 = Hippopotamus Clichy
22 h = RV Sonia – Safari-Club

....
....
....
....

DES MOTS POUR LE DIRE

Des noms
une enquête – un emploi du temps – un copain, une copine – un cours – la cantine (du lycée, de l'entreprise)

Des adjectifs
être occupé – être étonné

Des verbes
interroger quelqu'un
poser une question
mener l'enquête

Des expressions
Qu'est-ce qui se passe ?
Qu'est-ce qui est arrivé ?
Je n'ai rien fait de spécial.

/// 3. Cherchez les noms correspondant aux verbes.

a. je me suis réveillé → ....

b. j'ai déjeuné → ....

c. j'ai travaillé → ....

d. je suis sorti → ....

e. je me suis promené → ....

f. j'ai dîné → ....

/// 4. Cherchez les verbes pour le dire. Complétez avec les verbes que vous conjuguerez au présent : réfléchir – mener – poser – demander – répondre – interroger. Vous devez tous les utiliser une seule fois.

L'inspecteur Fourton .... Alban Lebreton. Il lui .... des questions sur son emploi du temps du 22 juin dernier.

Alban .... un moment puis il .... qu'il n'a rien fait de spécial ce jour-là : il s'est levé tard, il a fait un peu de rangement, il a travaillé.

Brusquement, il s'inquiète et .... à l'inspecteur ce qui se passe et pourquoi toutes ces questions. L'inspecteur, sèchement, lui rappelle que c'est lui qui .... l'enquête.

Orthographe d'usage : orthographe des mots

- Les lettres **CH** peuvent se prononcer de deux manières :
– [ʃ] dans la plupart des mots : *le chat, le chameau, la cheminée, le cheval, un architecte, le chien, la chimie, la chose...*
– [k] dans certains mots issus du grec : *l'archéologie, un archéologue, le chœur, les chrétiens, le chaos, les orchidées...*
- Le son [f] s'écrit le plus souvent **F** ou **FF** : *un frère, un enfant, la fantaisie, affirmer, effacer, offrir...* Parfois, quand il s'agit de mots issus du grec, ce son s'écrit **PH** : *une phrase, la pharmacie, Philippe, la philosophie, téléphoner...*

/// 5. Lisez à haute voix les phrases suivantes.

a. Il ne sait pas très bien ce qu'il veut faire plus tard. Des études d'archéologie, peut-être. Ou devenir architecte.

b. La situation risque de devenir chaotique si ça continue.

c. Ils adorent chanter tous en chœur et ils y mettent vraiment tout leur cœur !

d. Vous connaissez mon ami Philippe ? C'est lui qui m'a offert ces magnifiques orchidées blanches.

ET LA GRAMMAIRE ?

1. Le passé composé (2) : auxiliaire AVOIR + participe passé
Le plus souvent, le passé composé est formé de l'auxiliaire AVOIR et du participe passé.

2. Formation du participe passé
- verbes en **-ER** → le participe passé est toujours en **-é** : *il est arrivé, il est entré, il a mangé...*
- verbes en **-IR** → le participe passé est souvent en **-i** : – c'est toujours vrai avec les verbes du deuxième groupe : *j'ai fini, j'ai choisi, j'ai grossi, j'ai rougi...*
  – c'est vrai avec quelques autres verbes : *je suis parti, j'ai dormi, j'ai menti...*
  → **mais** parfois, le participe est en **-u** : *je suis venu, j'ai couru, j'ai tenu...*
- verbes en **-OIR** et verbes en **-RE** → le participe passé est le plus souvent en **-u** : *j'ai vu, j'ai pu, j'ai voulu, j'ai su, j'ai dû, j'ai reçu ; j'ai attendu, j'ai entendu, je suis descendu, j'ai lu, j'ai bu, j'ai vendu, je me suis battu, j'ai perdu, j'ai vaincu...*

Attention : Certains participes passés sont irréguliers :
– **être** : j'ai été – **avoir** : j'ai eu – **faire** : j'ai fait – **ouvrir** : j'ai ouvert – **offrir** : j'ai offert
– **naître** : je suis né – **mourir** : je suis mort – **dire** : j'ai dit – **mettre** : j'ai mis – **écrire** : j'ai écrit
– **prendre** : j'ai pris – **éteindre** : j'ai éteint

/// **6.** Conjuguez au passé composé.

Jules César a dit : « Je (*venir*) ...., je (*voir*) ...., je (*vaincre*) .... »

3. Rappel
L'imparfait est utilisé pour faire une description, pour indiquer les circonstances d'une action, pour commenter quelque chose.

/// **7.** Reliez.

a. Ils se sont fâchés • • 1. ils l'ont revendu.
b. Comme l'appartement ne leur plaisait pas, • • 2. parce qu'on était très fatigués.
c. Quand tu m'as appelé, • • 3. quand ils étaient tout jeunes.
d. On est restés à la maison hier soir • • 4. j'étais au fond du jardin.

Points d'orthographe grammaticale : l'accord du participe passé avec l'auxiliaire AVOIR

- La plupart des verbes se conjuguent au passé composé avec l'auxiliaire AVOIR. En général, dans ce cas, on n'accorde pas le participe passé :
Elles ont déjeuné à midi, elles ont fait des courses puis elles ont regardé la télévision.
- **Mais attention !** S'il y a un complément d'objet direct et qu'il est placé AVANT le verbe, il faut accorder le participe passé avec le complément d'objet direct. Observez :
*Il a acheté une voiture. Il **l'a achetée** d'occasion. La voiture **qu'**il a achet**ée** est vraiment superbe.*

/// **8.** Mettez la terminaison qui convient : é – ée – és – ées/u – ue – us – ues.

a. Tu as (*poster*) .... la lettre que je t'ai (*confier*) .... hier ?
b. Tu n'as pas (*voir*) .... la chemise et la veste que j'ai (*acheter*) .... ?
c. Personne ne (*croire*) .... à toutes les histoires qu'il nous a (*raconter*) .... : il ment tout le temps !

OBSERVEZ, RÉFLÉCHISSEZ, RÉPONDEZ...

> En 2008, je vivais à Bordeaux. J'étais étudiant en sciences économiques et j'habitais chez mes parents. Le week-end, avec des amis, nous allions au bord de la mer. Mon copain Loïc avait un bateau et nous faisions de la voile ensemble. C'est cette année-là que j'ai rencontré Marie-Lou.
>
> Un jour, en montant sur le bateau, j'ai glissé et je me suis blessé au genou. Comme j'avais mal, je suis entré dans une pharmacie pour acheter une pommade. Et là, j'ai vu la plus belle fille du monde ! Elle travaillait dans cette pharmacie comme stagiaire. C'est elle qui a soigné mon genou. C'était en juin, je m'en souviens bien. Et voilà comment tout a commencé.
>
> Marc

9. Observez la valeur des temps dans ce texte et répondez par VRAI ou FAUX.

	Vrai	Faux
a. On peut utiliser l'imparfait pour exprimer la cause.	☐	☐
b. L'imparfait peut être utilisé pour exprimer la répétition, l'habitude.	☐	☐
c. L'imparfait sert pour exprimer une action précise, limitée dans le temps.	☐	☐
d. Les verbes à l'imparfait donnent le décor, les circonstances d'un événement.	☐	☐

10. Continuez cette histoire en utilisant les repères temporels.

Une semaine plus tard, mon genou était guéri ....
Au mois de juillet, ... Le soir du 14 juillet, ... Dès le lendemain, ...
Pendant tout le reste des vacances, ... et la fin de l'été, ... Et depuis (ça fait pas mal d'années déjà !), ...

Comment faire pour... comprendre les relations passé composé/imparfait.

Comparer ces deux versions. Vous constaterez que l'imparfait « habille », « colore » les événements.
- **Version A :** C'est le 28 janvier 2014 que je suis arrivé à Paris. Je suis allé au Quartier latin et j'ai trouvé un hôtel pas trop cher. Le lendemain, j'ai commencé mes cours.
- **Version B :** C'est le 28 janvier 2014 que je suis arrivé à Paris. *Il faisait très froid ce jour-là, il neigeait et je me sentais seul, complètement perdu. Ce n'était pas très confortable mais, pour quelques jours, ce n'était pas grave.* Le lendemain, j'ai commencé mes cours. *Tout me semblait difficile et, le premier soir, je me sentais découragé. J'avais envie de tout laisser tomber et de rentrer à la maison.*
Trois mois plus tard, tout allait mieux : je parlais français, j'aimais bien mon petit studio, je me sentais heureux à Paris, le printemps était là et j'étais amoureux.

À VOUS D'ÉCRIRE

/// 11. En 2008, Marc a rencontré Marie-Lou. Et vous, en 2008, qu'est-ce que vous faisiez ?

Pour exprimer ce qu'était votre vie quotidienne à cette époque, ce que vous faisiez en général, vous devez utiliser l'imparfait. Pour raconter un événement précis, un fait très particulier, ponctuel, limité dans le temps, vous devez utiliser le passé composé.

....
....
....
....
....

/// 12. Cherchez une photo de vous enfant. Essayez de vous souvenir de ce que vous faisiez à cette époque.

À cette époque, ...

Le blog de Tania

Mais oui, c'est la Guadeloupe ! Est-ce que ce n'est pas le paradis ? Un grand soleil, une eau transparente et tiède, des cocotiers et des palmiers, du sable blanc ! Des gens adorables et très beaux. Et moi, et moi, et moi...
Mais ce n'est pas tout, on mange délicieusement bien. Et le ti punch, ça alors, c'est une merveille !

- Cherchez sur Internet quelles sont les autres Antilles françaises.
....
- Cherchez sur Internet la recette du ti punch.
....

LEÇON 15 — NOUVELLE ATTAQUE D'UNE PHARMACIE

OBJECTIFS FONCTIONNELS : Raconter un événement au passé – Préciser les circonstances d'un événement – Commenter quelque chose.
LEXIQUE : Les faits divers.
GRAMMAIRE : Le passé composé (3) : les verbes à double construction – Le plus-que-parfait.
POINT D'ORTHOGRAPHE LEXICALE : Les adverbes en -MENT et -MMENT.
POINT D'ORTHOGRAPHE GRAMMATICALE : Reprise des accords du participe passé.
COMMENT FAIRE POUR... : Organiser un récit (2).

/// **1.** Imaginez ce qui s'est passé.

....
....
....
....

UNITÉ 5 /// Faits divers /// 98

OBSERVEZ

AQUITAINE

LE GANG DES POSTICHES A ENCORE FRAPPÉ

Une fois de plus, le gang des postiches fait parler de lui. Hier, un peu après 9 heures, trois individus ont pénétré dans la pharmacie centrale de Coutras (33), qui était vide à cette heure-là. Comme à Libourne, à Bègles et à Bourg, les malfaiteurs avaient un faux nez, une barbe postiche, des lunettes noires et des perruques. Il s'agit certainement de la même bande. Sous la menace de leurs revolvers, ils ont obligé l'employée, qui était seule à cette heure matinale, à ouvrir la caisse puis ils l'ont ligotée et bâillonnée.

Heureusement, la caisse ne contenait que quelques centaines d'euros. En effet, on l'avait vidée la veille au soir, comme d'habitude, ce que les voleurs ne savaient pas.

Quand la jeune fille a réussi à se libérer et à donner l'alerte, les bandits étaient déjà loin.

Vocabulaire

- une barbe **postiche** = une fausse barbe ; un nez **postiche** = un faux nez.
- **un malfaiteur** = un bandit.
- **ils ont pénétré** dans la pharmacie = ils sont entrés dans la pharmacie.
- **une bande** de malfaiteurs.
- **ligoter** quelqu'un : l'attacher avec des cordes.
- **bâillonner** quelqu'un : lui fermer la bouche avec quelque chose pour l'empêcher d'appeler à l'aide.

/// 2. Relevez les termes qui désignent les personnages de ce fait divers.

Élise Brunoy, l'employée de la pharmacie : .... ; ....

Les membres du gang des postiches : .... ; .... ;

.... ; ....

/// 3. Vous êtes Élise Brunoy : vous faites une déclaration à la police. Complétez. Attention aux accords de participe passé (voir p. 95).

```
« Il était un peu plus de 9 heures. Monsieur Ferran, mon patron, n'était
pas encore arrivé.
J'étais en train de ranger un peu la pharmacie quand ...........................
..................................................................................................................................
Ils m'ont demandé..........................................................................................
Je ne voulais pas mais ..................................................................................
Alors, ............................................................................................................
Ensuite, ........................................................................................................
Quelques instants plus tard, j'ai réussi à me libérer et .............................
.................................................................... mais bien sûr les bandits
étaient déjà loin ! »
```

UNITÉ 5 /// Faits divers /// 99

DES MOTS POUR LE DIRE

Des noms

un fait divers – un hold-up – un vol – le butin
une prison – une évasion – un otage – une prise d'otage(s) – une menace

Des adjectifs

un homme pâle – laid – séduisant ≠ déplaisant un visage long – rond – élégant (bien habillé) – seul(e)

Des verbes

voler de l'argent, des bijoux – s'enfuir – arrêter quelqu'un – relâcher quelqu'un – prendre quelqu'un en otage

Des expressions

Haut les mains ! – faire irruption
être sous les verrous (emprisonné)
en flagrant délit (sur le fait)

/// 4. Cherchez les mots (noms ou verbes) pour le dire.

« Haut les mains ! Que personne ne bouge. C'est un .... ! » Les clients de la Banque du Sud en tremblent encore ! Hier après-midi, vers trois heures, deux hommes masqués ont .... dans cette petite succursale de la rue Thiers. Sous la .... de leurs armes, ils ont contraint les personnes présentes à se coucher à terre. Puis ils ont obligé le caissier à ouvrir les coffres-forts. En une dizaine de minutes, ils ont .... pour plusieurs dizaines de milliers d'euros de bijoux. Ils sont repartis avec leur .... Ils ont .... le caissier, qu'ils ont relâché deux heures plus tard, en pleine campagne.

/// 5. Avec l'aide de votre dictionnaire, cherchez deux mots de la même famille que :

a. long : .... ; ....
b. un vol : .... ; ....
c. une prison : .... ; ....
d. séduisant : .... ; ....

Orthographe d'usage : les adverbes en -MENT et en -MMENT

- Si l'adjectif masculin se termine par une consonne ou par un **-e**, on ajoute **-ment** au féminin de l'adjectif.
Exemples : heureux, heureuse → *heureusement* ; lent, lente → *lentement* ; facile, facile → *facilement*.
Attention, il y a quelques exceptions : *énorm**é**ment – profond**é**ment – intens**é**ment – précis**é**ment*.
Attention : gentil, gentille → *gentiment*.

- Si l'adjectif masculin se termine par une autre voyelle que **-e**, on ajoute **-ment** au masculin. Exemples : vrai → *vraiment* ; joli → *joliment* ; aisé → *aisément* ; absolu → *absolument*.

- Si les adjectifs sont terminés en **-ent** ou en **-ant**, les adverbes se terminent en **-emment** ou en **-ammant**. Problème : la prononciation est la même dans les deux cas : [amã]. Vous ne pouvez pas vous fier à votre oreille pour savoir comment s'écrit l'adverbe !
Exemples : évident → *évidemment* ; récent → *récemment* ; intelligent → *intelligemment*...
élégant → *élégamment* ; puissant → *puissamment* ; bruyant → *bruyamment*...

/// 6. Trouvez l'adverbe en -MENT ou en -MMENT correspondant au nom (un conseil : cherchez d'abord l'adjectif !).

a. Il roule avec beaucoup de prudence = il roule très ....
b. Il a regardé les spectateurs avec une grande intensité = il a regardé les spectateurs très ....
c. Le professeur a répondu avec une patience infinie = il a répondu très ....
d. Il a agi avec violence = il a agi ....

ET LA GRAMMAIRE ?

1. Verbes pouvant se construire avec ÊTRE ou AVOIR : *(r)entrer – sortir – monter – descendre – passer – retourner.*

Attention ! Certains verbes peuvent se construire avec l'auxiliaire ÊTRE ou avec l'auxiliaire AVOIR. C'est vous qui allez trouver la règle.
Observez ces couples de phrases :

a. *Elle est rentrée à deux heures du matin.*
b. *Elle est sortie en retard.*
c. *Elle est montée voir sa sœur Hélène.*
d. *Christine, tu es descendue ?*
e. *Elles sont passées chez moi hier soir.*
f. *Elle est retournée chez elle à minuit.*

a'. *Elle a rentré la voiture au garage.*
b'. *Elle a sorti les poubelles sur le trottoir.*
c'. *Elle a monté le courrier à sa voisine.*
d'. *Elle a descendu l'escalier en courant.*
e'. *Elles ont passé deux mois en Italie.*
f'. *Elle a retourné tout son bureau mais elle n'a pas retrouvé son dossier.*

/// **7.** Formulez vous-même la règle.

....

2. Imparfait, passé composé et plus-que-parfait. Observez.

J'ai revendu la semaine dernière la voiture que j'avais achetée il y a deux ans parce que je ne l'aimais plus.
Le plus-que-parfait exprime une action **antérieure** à une autre action passée. Il se conjugue avec l'imparfait et le participe passé.

xxx	xxx	xxx
achat de la voiture (il y a deux ans)	revente de la voiture (la semaine dernière)	moment où je parle

/// **8.** Présent, imparfait, passé composé ou plus-que-parfait ? Conjuguez les verbes entre parenthèses.

En 2000, je *(vivre)* .... à San Francisco. Mes parents *(s'installer)* .... là quelques années plus tôt : mon père *(monter)* ...., vers 1995, une entreprise d'import-export entre le Québec et la Californie. Cette entreprise *(marcher)* .... très bien.
Ma mère *(ne pas travailler)* ...., elle *(s'occuper)* .... de mes deux frères et de moi.
Moi, je *(aller)* .... au lycée français, je *(avoir)* .... beaucoup d'amis et je *(être)* .... très heureux à cette époque-là.
Deux ans plus tard, en 2002, tout *(changer)* .... : mes parents *(divorcer)* .... et ma mère *(rentrer)* .... à Montréal avec nous, mon père *(rester)* .... aux États-Unis où d'ailleurs il *(vivre)* .... encore aujourd'hui. Je le *(voir)* .... assez rarement maintenant mais, de temps en temps, on *(se téléphoner)* ...., on *(s'envoyer)* .... des mails.

Points d'orthographe grammaticale : rappel des accords du participe passé

- Auxiliaire **ÊTRE** : Accord sujet-participe
  sauf si le verbe pronominal est suivi
  d'un complément d'objet direct
- Auxiliaire **AVOIR** : Pas d'accord
  sauf si le complément d'objet direct est **avant** le verbe

Elles sont parties ensemble.

Elle s'est acheté <u>une nouvelle voiture</u>.
Elles ont dîné ensemble.
Tu as vu les fleurs que j'ai achetées ?

UNITÉ 5 /// Faits divers /// 101

/// OBSERVEZ, RÉFLÉCHISSEZ, RÉPONDEZ...

Cette histoire est arrivée il y a quatre ou cinq ans. C'était en automne, il faisait déjà froid, le vent soufflait en tempête depuis plusieurs jours et je me sentais très seule dans cette grande maison isolée. Le mois précédent, mon fils était parti en Australie et ma fille m'avait quittée depuis longtemps déjà.

À six heures ce matin-là, un bruit étrange m'a réveillée. Comme ça continuait, je me suis levée et j'ai inspecté toute la maison. Rien ! Le bruit venait de dehors. J'ai ouvert la porte qui donne sur le jardin et là, j'ai vu un drôle de chien blanc qui grattait doucement à la porte. Je l'avais déjà aperçu la veille. Je l'ai fait entrer, je lui ai donné à manger. Il était maigre à faire peur et il tremblait de tous ses membres. Il n'avait pas de collier, c'était sans doute un chien perdu. Je l'ai adopté. Je l'aimais beaucoup, il me tenait compagnie et, chaque après-midi, nous faisions de longues promenades en forêt. Comme il était blanc, je l'ai appelé Pâlot. Il était très intelligent et joueur. Il est resté tout l'hiver chez moi et puis, un matin d'avril, il a disparu et je ne l'ai jamais revu.

A. Bredin

/// **9.** Qui parle ? Un homme ou une femme ? Justifiez votre réponse.

....

Observez la valeur des temps.

PASSÉ COMPOSÉ
Faits ponctuels : un bruit étrange m'a réveillée – je me suis levée – j'ai inspecté – j'ai ouvert – j'ai vu...
IMPARFAIT
Décor, circonstances : c'était en automne – il faisait froid – le vent soufflait – je me sentais seule...
Cause, explications, commentaires : Comme ça continuait... – c'était sans doute un chien perdu – comme il était blanc...
Descriptions : il était maigre – il tremblait – il n'avait pas de collier...
Habitude : chaque après-midi, nous faisions de longues promenades...

Comment faire pour... organiser un récit (2).

CONTEXTE PRÉSENT	CONTEXTE PASSÉ
la semaine dernière →	*la semaine précédente, une semaine plus tôt*
avant-hier	*l'avant-veille*
hier	*la veille*
aujourd'hui	*ce jour-là*
ce matin	*ce matin-là*
ce soir	*ce soir-là*
demain	*le lendemain*
après-demain	*le surlendemain*
la semaine prochaine	*la semaine suivante, une semaine plus tard*

À VOUS D'ÉCRIRE

/// 10. Construire et étoffer un récit.

Voici le squelette d'une histoire. Elle n'indique que les faits, les événements (au passé composé, donc). À vous de la développer en ajoutant des descriptions, des commentaires, des explications… à l'imparfait. Laissez aller votre imagination !

> Samedi dernier, j'ai décidé d'aller faire des courses au supermarché, ...
>
> J'ai acheté de la viande, des fruits, des légumes, etc. ....
>
> J'ai eu soudain l'idée d'aller faire un tour au rayon des bijoux. ....
>
> Un homme s'est approché de moi tout près, tout près ....
>
> Les vigiles* du magasin sont arrivés et m'ont dit de rendre ce que j'avais volé. J'ai ouvert mon sac, j'ai vidé mes poches. Horreur !
>
> Je leur ai expliqué la situation mais ils ont refusé de me croire. ....
>
> Ils m'ont amené(e) au commissariat de police où j'ai passé deux heures avant de pouvoir rentrer chez moi.

*__vigiles__ : gardes, surveillants.

Le blog de Tania

Et voilà, mon année sabbatique se termine et c'est mon dernier message sur ce blog. Au revoir à vous tous, j'espère que mes petits messages vont ont donné envie de parcourir le monde.
Moi, je reprends le chemin de l'école ou plutôt de l'université. Je vais retrouver les cours et mes chers étudiants.

- Quelle est la profession de Tania ? ....
- Elle a visité beaucoup de pays. Lequel aimeriez-vous le plus visiter ? Dites pourquoi ?
....
- Si vous aviez une année sabbatique, qu'est-ce que vous feriez ?
....

PHONIE/GRAPHIE

🎧 http://competences.cle-international.com/

Ça se prononce comme ça, mais ça s'écrit comment ?

Beaucoup de mots en français se prononcent de la même manière (ils sont « homophones ») mais s'écrivent différemment. Il s'agit le plus généralement de mots très courts, d'une seule syllabe. On en fait souvent des « jeux de mots ».

Récapitulons !

Beaucoup de mots en français se prononcent de la même manière mais s'écrivent différemment.
Voici un exemple que tous les Français connaissent : Il était une fois
> Dans la ville de Foix
> Une marchande de foie
> Elle se dit « Ma foi,
> C'est la première fois
> Et la dernière fois
> Que je vends du foie
> Dans la ville de Foix »

Voici d'autres exemples. Si vous ne connaissez pas tous les mots, vous pouvez les chercher dans votre dictionnaire.

[sɛr] un cerf – Qu'est-ce que vous sers ? – Ça ne sert à rien. – Ce pantalon me serre, mes chaussures me serrent aussi. – L'aigle tient le lapin dans ses serres.
[mɛr] la mer Méditerranée – C'est ma mère. – Il a été élu maire de son village.
[pɛr] mon père – une paire de chaussures – un nombre pair.
[vɛr] un ver de terre – J'ai cassé un verre. – des yeux verts – Vous allez vers Marseille ?

[dɑ̃]	dans – une dent...
[sɑ̃]	cent – sans – cent – le sang...
[sɑ̃]	le chant – le champ...
[tɑ̃]	tant – le temps...
[vɑ̃]	je vends – tu vends – il/elle vend – du vent.
[pɛ̃]	du pain – un pin – je peins – tu peins – il/elle peint.
[vɛ̃]	du vin – en vain – vingt.
[ø]	je – un jeu.
[pø]	un peu – je peux – tu peux – il/elle peut.

• À vous de trouver un mot qui se prononce de la même manière mais qui s'écrit différemment que :

a. je dois [dwa] : un ....

b. la voix [vwa] : la ....

c. de l'eau [o] : un ....

d. un seau [so] : un ....

e. faire [fɛr] : un ....

Bilan

À la fin de cette d'unité, vous savez comment faire pour :
- se situer dans le temps, raconter quelque chose au passé.
- ordonner un récit.

Faites les exercices, vérifiez avec les corrigés, comptez vos points.
Plus de 15, bravo ! Vous pouvez passer au niveau II, c'est très bien. Moins de 10, essayez de comprendre ce qui va moins bien : lexique insuffisant ? grammaire ? savoir-faire ?

1. À partir des éléments suivants, racontez en quatre ou cinq lignes (au passé composé) la vie de Jean B.   .../6

– 1913 : naissance à Reims (Marne)
– 1918 (janvier) : mort au front de son père
– 1918 (juin) : naissance de sa sœur, Odette
– 1931 : engagement dans la marine
– 1937 : grade de quartier-maître
– 1945 : grade de second-maître
– 1946 : mariage avec Brigitte S.
– 1951 : mort d'une insolation à Casablanca (Maroc)

Jean B. ....
....

2. Observez cette photo. Imaginez la vie quotidienne à cette époque.   .../6

....
....
....
....
....
....

3. Replacez dans le texte les expressions temporelles suivantes (ce texte date de 2014) : en 1893 – il y a soixante-dix ans – l'année suivante – dès le début du XXe siècle – de 1991 à 1992 – cinquante ans avant la France – le 21 avril 1944 – quatre ans après.   .../8

Rappelons-nous ...., le général de Gaulle a accordé aux femmes le droit de vote (et le droit d'être élues). C'était exactement ...., quelques semaines avant le Débarquement. Mais ce droit de vote, elles n'ont pu l'exercer que ...., le 29 avril 1945, lors des élections municipales.

La France, enfin, rattrapait son retard dans ce domaine. En effet, les Néo-Zélandaises ont voté presque ...., ... Et ailleurs, elles ont été nombreuses à le faire un peu partout .... : les Australiennes en 1902 et les Finlandaises ...., en 1906. Mais ce n'est pas parce que les Françaises peuvent être élues qu'elles sont au pouvoir. La seule femme nommée Premier Ministre (par François Mitterrand) l'a été un an seulement, ...

UNITÉ 5 /// Faits divers /// 105

CORRIGÉS DES EXERCICES

UNITÉ 1

LEÇON 1

Page 6
1. = b 2. = b

Page 7
3. *Par exemple :* Ledoux Adrien – 114 rue du Bac – 75007 Paris – 01 48 67 89 75 – 01 48 67 89 76 – a.ledoux@gmail.com
4. Éric LATOUR Avocat à la Cour 29, rue Émile-Zola 51000 Reims 03 56 89 16 10 – elatour@noos.fr

Page 8
5. (une) petite fille – (son) prénom – (son) nom – (une) ville – (l')adresse.
6. vingt et un – quatre-vingt-un – vingt-deux – dix-neuf – seize.
7. dix-sept – trente-quatre – quarante-six – soixante-dix-huit – quatre-vingt-neuf – soixante-neuf.

Page 9
8. **a.** (elle) s'appelle – (elle) a – (elle) habite – (ils) habitent. **b.** (ils) ont – (ils) sont – (ils) travaillent. **c.** (vous) vous appelez – (je) m'appelle.
9. **a.** Tu – **b.** Vous – **c.** Je – **d.** nous – **d.** vous – **e.** J'.
10. **a.** Tu travaill**es** – **b.** Elles habit**ent** – **c.** Il s'appelle – **d.** Ils travaill**ent** – **e.** Tu t'appell**es** – **f.** Nous habit**ons**.

Page 10
11. homme – Antoine Durand – Le 1ᵉʳ janvier 1960 – Paris – 57 ans – 1,80 m – 1ᵉʳ janvier 2022.
12. **a.** Vrai – **b.** Vrai – **c.** Faux

Page 11
13. *Par exemple :* Elle est médecin (spécialiste, pédiatre) – Elle habite à Toulouse – Elle travaille dans un hôpital –
Le blog de Tania : Tania aime le quartier de Psirri parce qu'elle aime le *street art*.

Page 12
1. La scène se passe dans un aéroport, en Russie, devant le tableau des arrivées.
2. – L'avion est arrivé ?
– Oui. Regarde ! À 13 h 35.

Page 13
3. J'arrive dimanche à 6h20. Je suis très chargée (le bébé + les bagages !). Tu peux venir à l'aéroport ?
Ce serait très gentil. Bises.
4. **a.** J'arrive (bagages très lourds) mardi 12 à 21 h 45 à Roissy 2, hall D. **b.** Mamie arrive le 2 à 13 h 50 gare de Lyon (voie 13, voiture 18). Elle est fatiguée, et elle a deux valises et le chat.

Page 14
5. **a.** l'aéroport – le train – **b.** trains – **c.** voie – sans arrêt.
6. **a.** aller – prendre **b.** arrive – **c.** va – **d.** prendre.
7. **a.** Je vais à Cannes. Et toi ? – **b.** Je pars demain. – **c.** Oh là là ! Viens vite ! **d.** Je vais très bien. **e.** Comment ça va ? **f.** Quelle chaleur !

Page 15
8. pars – prenons – part – est – arrivons – viennent – sommes.
9. **a.** – Est-ce que tu pars demain ? – **b.** – Est-ce que vous êtes américains ?
10. **a.** par**t** – **b.** prend**s** – **c.** vien**s** – **d.** arriv**ent** – **e.** prenn**ent** – **f.** vien**t** – **g.** par**t** – **h.** part**ent**.

Page 16
11. **a.** – Non, c'est une femme (« je suis très fatigué**e** » ; fatiguée est au féminin.) – **b.** Oui (« **Ici**, en Suède ») – **c.** Non (« **ma** mère » ; si Bernard était son frère, elle dirait « maman » ou « notre mère »).
12. suis – ...partent.

Page 17
13. Paris – Lille – 16 – n°2 – 8456N.
Le blog de Tania : Elle habite au Pérou, près de Cuzco – Elle tisse une couverture.

LEÇON 3

Page 18
1. Cette photo symbolise un mariage.

Page 19
3. **a.** Faux – **b.** Vrai – **c.** Faux – **d.** On ne sait pas.
4. Dominique et Christian Petit, Élise Florin et Victor Nadaud ont le plaisir de vous faire part du mariage de leurs enfants *Anne* et *Gabriel* qui sera célébré le 30 juin 2018 à 16 heures à la mairie de Troyes et vous prient d'assister à la réception qui suivra dans les salons Duval, 5, rue des Prés, à Troyes
D. et C. Petit, 24, square Marcel Proust 10000 Troyes

Page 20
5. la mairie – l'église – la cérémonie – une réception.
6. **a.** répondez – **b.** prient – **c.** se marient – **d.** voulez/pouvez – voulez-vous – je le veux.
7. **a.** En **S**uisse – **b.** **M**a cousine – en **A**ngleterre – un **D**anois – **L**eurs enfants. **c.** **V**ous vous mariez à **P**aris ou en **B**retagne ? **d.** **E**lisa et **S**teve habitent rue de Rome, à Nice.

Page 21
8. se marie – peux – viens – font – prends – viens – m'appelles.
9. **a.** Qu'est-ce que – **b.** Est-ce que – **c.** Est-ce que.
10. **a** le plaisir – **son** fils – **à** la cérémonie – **ou** à la réception – **à** partir de.

Page 22
11. **Points communs :** **b.** Les deux lettres annoncent la même chose, son mariage – **c.** C'est une lettre amicale – **d.** Elle fait allusion à son âge.
12. **Différences :** **a.** Elle invite Pauline à la fête, pas Vincent. – **b.** Elle tutoie Pauline et elle vouvoie Vincent. – **c.** Elle embrasse Pauline, pas Vincent.

Page 23
13. plaisir – votre aimable lettre – passé – heureux – passer un moment.
Le blog de Tania : C'est dangereux pour les menteurs : la "bouche de la vérité" mange la main des menteurs.

Page 24

PHONIE/GRAPHIE
1. **a.** tous – sous – **b.** roux – **c.** fou – tout – doux – **d.** la joue – un coup – **e.** Loup – **f.** où.
2. **a.** chou – **b.** joues – **c.** roue.

BILAN

Page 25

1. 1. Elle s'appelle Florence – **2.** Elle est française – **3.** Elle est née le 16 janvier – **4.** Elle mesure 1,65 m.

2. Le vol Air France 357 en provenance de Copenhague, départ 11 h 45 heure locale, arrivera à Paris-CDG2 avec un retard de trente minutes.

3. Ma chère Laura,
J'ai le plaisir de t'annoncer que Fernando et moi nous nous marions le 12 octobre.
J'espère que tu seras libre ce jour-là et que tu seras parmi nous, ainsi que ton copain, bien sûr ! Baisers.

4. a. mille six cent quinze – **b.** mille sept cent quatre-vingt-neuf – **c.** mille huit cent soixante et onze.

UNITÉ 2 //////////////////////////////////////

LEÇON 4

Page 26

1. C'est une carte de félicitations. On annonce la naissance de deux enfants, des jumeaux : un garçon et une fille.

Page 27

2. a. sa petite-fille – son succès – **b.** très heureux – **c.** chez elle – **d.** un chèque – acheter quelque chose – voyager.

3. Merci beaucoup pour le chèque, c'est vraiment gentil. J'arrive avec Léa le 16 juillet, nous resterons trois jours avec vous. Ensuite, l'Italie ! Mille baisers pour toi et Papy.

Page 28

4. a. téléphoner – ton résultat – **b.** acheter (ou s'acheter – s'offrir) – voyage – **c.** heureux (et très) fiers.

5. a3 – b4 – c2 – d1.

6. j'ai vu un film d'amour – ... qu'il avait rencontrée à l'université – qu'il était très malade – elle l'a trouvé changé – l'air fatigué.

Page 29

7. a. je **leur** écris – **b.** Je **l'**appelle – **c.** elle **la** remercie – **d.** elle **lui** téléphone. – **e.** elle **leur** parle.

8. a. s'achète – **b.** préférez – **c.** espérons – **d.** m'appelle.

Page 30

9. 1b – 2a – 3b.

10. Bravo pour ta thèse ! Nous sommes vraiment heureux pour toi. Hélas, nous ne sommes pas libres à 14 h. Dommage ! Mais bien sûr que nous viendrons à ton pot de thèse.
Bon courage pour la soutenance ! Amicalement.

Page 31

11. Bravo, ma belle, mais fais attention ! N'oublie pas qu'au feu rouge, on s'arrête ! Sérieusement, va doucement. Impossible de t'accompagner cette fois-ci. Ce sera pour une autre fois, c'est promis.

Le blog de Tania : Par exemple : Tania va se promener dans le village. Elle va déjeuner dans un restaurant. Après, elle va se baigner.

LEÇON 5

Page 32

1. On annonce la fête des voisins, à Genève.
2. Ils vont dîner ensemble, boire, chanter et danser.

Page 33

3. a. Pour l'inviter à pendre la crémaillère – **b.** Non, elle est à la sortie du village, à droite – **c.** Parce que les déménagements, c'est fatigant.

4. Ma chère Maryse,
Enfin, vous voilà installés. Bien sûr, nous viendrons. Charles ne connaît pas le Perche mais moi, si, et j'adore cette région. Qu'est-ce qu'on peut apporter ? Des graines pour ton jardin ? À boire ? Des gâteaux ? Amicalement.

Page 34

5. a. tôt – **b.** facilement – **c.** beaucoup – **d.** très.

6. a. achetons – **b.** sais – peux – **c.** déménageons – **d.** prends – appelles – je vais.

7. a. septembre – **b.** novembre – **c.** janvier – **d.** décembre.

8. a. timbre – **b.** printemps – **c.** champagne – **d.** compter – **e.** comprends – **f.** temps.

Page 35

9. a. Connaissez-vous... – **b.** Faites-vous... – **c.** Quand partez-vous... – **d.** Comment vous appelez-vous ?

10. a. rang**eo**ns – **b.** déménag**eo**ns – partag**eo**ns – **c.** mang**eo**ns – commen**ç**ons.

Page 36

11. a. Vrai (elle demande le chemin) – **b.** Faux (elles se disent « tu », donc elles sont amies) – **c.** Vrai (son amie lui demande si elle s'habitue).

12. Nous aimerions vous avoir ce week-end. D'accord ? Pour trouver la maison, c'est facile : c'est juste à l'entrée du village, sur la gauche. La maison est blanche avec des volets verts. À samedi !

Page 37

13. Rennes-Lamballe (N 12), puis à droite direction Erquy.

14. Pour venir à Erquy, tu vas jusqu'à Lamballe par la N 12. Tu passes par Bédée et Caulnes. Erquy est à 20 km de Lamballe. Prends ton maillot, il fait beau et l'eau est bonne ! Affectueusement.

Le blog de Tania : Tania est au Brésil, à Rio. Elle participe au carnaval : elle danse et elle s'amuse.

LEÇON 6

Page 38

1. b. **2.** *Par exemple :* Tu peux venir me chercher demain à l'aéroport, à 6h ?

Page 39

3. a. Oui (Manuela dit « papa », « maman ») – **b.** Non, elle vit à la montagne (on peut faire du ski).

4. C'est vraiment dommage, il fait un temps merveilleux, la neige est excellente. C'est un rêve pour skier.
Essaie de venir le week-end prochain. Papa et maman seront encore ici. Bises K.

Page 40

5. a. désolé – libre – **b.** fatiguée – **c.** heureuse – magnifique – excellente – **d.** fiers – belle – gentille.

6. a4 – b1 – c2 – d3.

7. a. suédois – norvégien – **b.** Véronique – **c.** ∅ – **d.** acheté – marché – l'été.

Page 41

8. a. Ne viens pas – nous ne sommes pas là. – **b.** Je ne peux pas – je n'ai pas le temps. – **c.** Je n'ai pas compris – je ne peux pas l'expliquer.

9. a. à cause de – parce qu'... – **b.** à cause de – parce qu'... – **c.** parce que.

10. a. Descend**s** – m'entend**s** – répond**s** – **b.** attend**s** – prend**s** – **c.** comprend**s** – connai**s**.

Page 42

11. c.

12. a. les services de la RATP (le métro) aux usagers – **b.** un homme à la personne qu'il aime – **c.** à des relations (des amis pas très intimes) – **d.** un père d'élève au directeur d'école.

Page 43

13. Cher ami,
– Merci infiniment pour votre aimable invitation. Hélas, je ne peux pas venir ce week-end : mes deux enfants sont malades, je ne peux pas laisser Nadia seule avec eux.
Je suis vraiment navré de ce contretemps et je vous prie de croire à mes sentiments les meilleurs.
– Chère tante Jeanne, toutes mes félicitations et mes meilleurs vœux pour cette belle soirée. Hélas, je ne pourrai pas me joindre à vous, j'ai un travail absolument urgent à terminer. Je dois le rendre lundi au plus tard.
Je serai bien sûr en pensée avec vous. Affectueusement.

Le blog de Tania : Hortense est une amie de Tania. Elle habite à Paris. Tania a pris cette photo dans un jardin, près de la tour Eiffel, le 24 décembre.

Page 44

PHONIE/GRAPHIE

1. a. Lille – ville – **b.** ailes – **c.** Ø **d.** ville – Lille
2. a. tutoyer – **b.** réveillez – **c.** champignons – **d.** la taille moyenne – **e.** une bouteille (de) champagne.

BILAN

Page 45

1. Cher Denis, je suis désolé mais je ne pourrai pas vous accompagner à Londres. Ma mère vient à Paris ce week-end pour nous voir ; je ne peux pas partir au moment de son arrivée ! Ce sera pour une autre fois. Amusez-vous bien ! Amicalement, P.

2. Chers collègues et amis, quel jour et quelle heure vous conviennent le mieux pour notre réunion ? Notez-les sur cette feuille, s'il vous plaît. Merci.

3. a. Vrai – **b.** Faux – **c.** Vrai – **d.** Vrai.

4. a. j'ai travaillé toute la nuit – **b.** régulariser votre situation – **c.** il va faire mauvais toute la journée – **d.** ne pas pouvoir venir – **e.** votre gentil cadeau (votre aimable lettre) – **f.** fumer (boire ou manger – se promener en maillot de bain).

UNITÉ 3

LEÇON 7

Page 46

1. 4 – 7 – 3 – 6.

Page 47

2. La première a des cheveux courts, la deuxième a des cheveux noirs et bouclés, la troisième a des cheveux longs. Elles sont amies. Elles regardent des photos sur leur ordinateur.

Page 48

4. a. Katherine, princesse de Galles – **b.** Marylin Monroe – **c.** le Père Noël.

5. *Par exemple :*
Dans un café, une jeune fille avec un bouquet de fleurs attend son amoureux. Elle regarde l'horloge dix fois mais il n'arrive pas. Le garçon de café est triste pour elle : un rendez-vous manqué, c'est affreux !
À la table à côté, le voisin lit son journal. Il la regarde et comprend tout. Il lui demande l'heure, elle lui répond, ils parlent.... Et dix minutes après, ils partent ensemble !

6. a. chère – succès – à – **b.** là – mère – après-midi – **c.** préfères – à.

Page 49

7. a. Non, je ne le prends jamais. – **b.** Non, personne n'y sera. – **c.** Non, ils n'y habitent plus. – **d.** Non merci, je ne veux rien.

9. a. Elle est grande, brune, et très gentille. – **b.** C'est une petite fille douce, très calme, sérieuse et tranquille. – **c.** Elle est très fière et très heureuse de son succès à l'examen. – **d.** Elle est sportive, mince et sympathique.

Page 50

10. *Par exemple :*
a. Il est blond ? – **b.** Il a les yeux comment ? – **c.** Il a une barbe ? – **d.** Il est professeur ? – **e.** C'est sérieux ?

Page 51

12. *Par exemple :*
Mardi dernier, bus 32, vers 13 h. Vous, beau, élégant, un peu triste. Vous lisiez Rimbaud. Moi, petite, brune, jupe rouge. Nous nous sommes souri.
Si vous vous reconnaissez, envoyez un message à Olgatra@noos.fr

Le blog de Tania : Tania aime les immeubles modernes et les petites rues, les restaurants et les marchés de nuit.

LEÇON 8

Page 52

1. *Par exemple :*
1. La première est rousse, elle porte des lunettes et sourit. **2.** La deuxième porte aussi des lunettes, elle est plus jeune et très sérieuse. **3.** La troisième a 40 ou 45 ans, elle a les cheveux courts et elle sourit.
Par exemple : Je préfère la première parce qu'elle a l'air plus gaie et plus moderne que les autres.

Page 53

2. a. – 9 – il a une maîtresse d'école – il aime les images et les bonbons.

3. a.

4. Il n'est pas jeune, il a les cheveux gris. Il est très sévère et il a mauvais caractère. Il se fâche souvent.

Page 54

5. Il est petit et rond/gros. Il est assez jeune et il a très bon caractère. Il ne se fâche jamais, il a toujours l'air gai et gentil. Il rit souvent. Il n'est jamais sévère avec nous. Il est super !

6. a. festif – festin – festival – **b.** hospitalité – hospitalier – hospitalisation – **c.** veste – veston – vestiaire.

7. a. fête – sûr – rêve – **b.** hôpital.

Page 55

8. Je voudrais savoir où tu habites/si tu m'aimes (ou : ce que tu penses de moi).

9. Ces trois adjectifs ont deux formes au masculin singulier : par exemple, *beau* + nom masculin commençant par une consonne, et *bel* + nom masculin commençant par une voyelle.

Page 56

10. belles et blondes ; toutes les deux détestent leur travail et ont mauvais caractère.

11. C'est Clara : elle est brune et souriante.

12. Elle est brune, un peu ronde, gaie. Elle a bon caractère, elle aime son travail. Elle aime les gens et les animaux.

Le blog de Tania : Le Québec beau parce que la forêt a des couleurs magnifiques. Tania a fait une belle randonnée dans la forêt.

LEÇON 9

Page 58

1. *Par exemple :* Moi, je préfère Françoise Dorléac. Je la trouve plus gaie, plus vive.
Elle a l'air plus naturel et plus drôle que sa sœur.

Page 59

2. Elle est au lycée (elle va au concert, elle a donc probablement plus de quinze ans). Elle est romantique, un peu superficielle : elle aime les célébrités. Elle vit à Paris et ses parents sont assez libéraux.
3. J'aime bien Cœur de pirate mais je trouve qu'Ariane Moffatt est plus originale.

Page 60

4. c – e – a – d – b.
5. *Par exemple :* Un vieux monsieur très gentil et très gai lit une longue histoire à ses deux petites-filles...
6. b
7. Par exemple : **a.** Marion C. est plus jeune que Monica B. **b.** Monica B. est aussi célèbre que Nicole K.
8. a. des Finlandais – **b.** les bateaux – **c.** les bals, les fêtes, les carnavals – **d.** les journaux – des gâteaux – **e.** des tapis turcs – **f.** les prix.

Page 62

9. Il s'attend toujours à une catastrophe. Il voit toujours le mauvais côté des choses. Il pense que tout va de plus en plus mal.

Page 63

11. Dessin n° 2 : **1.** Le monsieur n'a pas de moustaches – **2.** Il a un parapluie sous le bras – **3.** Il a deux chiens en laisse – **4.** La dame a un Caddie et pas de parapluie – **5.** L'horloge marque 11 h 10.
Le blog de Tania : Tania était triste parce qu'elle n'avait pas eu de place pour voir Y. Bandô à Lyon. C'est un acteur de kabuki très célèbre.

Page 64

PHONIE/GRAPHIE

1. passage – passant – passager – passerelle – dépasser.
2. désert – raison – deuxième.

BILAN

Page 65

1. a. courte – **b.** laid – **c.** banale – **d.** pessimiste – **e.** indulgent – gentil – **f.** triste.
2. *Par exemple :* Elle est mince, petite et blonde. Elle adore rire et chanter. Elle est toujours gaie. Elle n'est pas du tout sévère. Elle a beaucoup de patience avec nous.
3. *Par exemple :* Je trouve que c'est un film très intéressant. Il nous montre bien comment les gens vivaient à cette époque-là et il nous fait réfléchir. Et en même temps, il y a beaucoup d'humour, on rit beaucoup.
4. Je voudrais savoir dans quelle rue est situé votre hôtel. Vous dites qu'il y a des tarifs spéciaux pour les groupes. Vous pouvez préciser quels sont ces tarifs ? Il faut réserver combien de temps à l'avance...

UNITÉ 4

LEÇON 10

Page 66

1. a. 1 – 9 ou 10 – **b.** 8 – **c.** 4 – **d.** 2 – **e.** 6.

Page 67

2. Je voudrais venir pendant les vacances de Pâques (zone A). À combien de kilomètres est la mer ?
Nous sommes quatre adultes et trois enfants : combien y a-t-il de lits à deux places ? Combien de lits à une place ? Y a-t-il un lit de bébé ? Acceptez-vous les chats ? Le nôtre est gentil et très propre. ... si les charges sont comprises dans le prix... Quel acompte je dois verser ? Etc.

Page 68

3. Voici quelques informations : la mer est à deux kilomètres du gîte rural. Il y a deux lits à deux places et trois lits d'une personne. Nous pouvons trouver un lit de bébé. Nous acceptons les chats (mais pas les chiens). Enfin, les charges (gaz, électricité) ne sont pas comprises dans le prix.
La somme due en acompte est de 80 euros. Merci de nous l'envoyer au plus tôt.
4. Phrase a : on avertit la petite fille : elle doit faire attention au chien.
Phrase b : Dans la seconde, la mère appelle à l'aide : le chien a mordu sa petite fille.

Page 69

5. ... combien coûte ce meuble ? ... de quelle époque il date. ... si je peux le payer en plusieurs fois (ou par carte ou par chèque) ?
6. Le premier est plus grand, les toilettes sont séparées, il a un balcon mais il n'a pas d'ascenseur et la cuisine n'est pas indépendante. Le second est plus petit mais il est confortable. Il est cher (les charges ne sont pas comprises).
7. Ses – C'est – s'est – sais – ses – sait.

Page 70

8. c
9. a2 – b1 – c2.
10. Il est enthousiaste, un peu naïf, enfantin. Il est très déçu que Marion ne partage pas ses passions.

Page 71

11. une paire de chaussures de marche très bon état, – un sac à dos léger et solide, – un sac de couchage écossais....
Téléphoner au 06 65 67 87 11.
12. *Par exemple :* Elle a combien de kilomètres ? Elle couche au garage ou dehors ? Elle consomme combien ? Les pneus sont neufs ?
Le blog de Tania : Au moins une semaine (La semaine dernière,...)

LEÇON 11

Page 72

1. Les trois documents sont des guides de voyage ; ils concernent la même région.
2. a. à des jeunes – **b.** à des personnes aimant la culture et l'histoire – **c.** à des sportifs.

Page 73

3. *Par exemple* « Bonjour, nous voudrions réserver un studio-cabine pour quatre personnes pendant la deuxième semaine de mars.
Merci de confirmer par mail notre réservation. »
4. Pour arriver aux Arcs, vous prenez l'autoroute jusqu'à Albertville. Là, vous devez prendre la RN 90 jusqu'à Bourg-Saint-Maurice puis la D 119 jusqu'aux Arcs. C'est facile.

Page 74

5. a. patin – patinage – patineur – **b.** montagne – montagnard – montagneux.
6. a. téléphérique – **b.** métro.

7. C'est excellent pour la santé ; cela chasse le stress ; c'est très bien de s'arrêter une semaine ; on retrouve le silence.
8. a. Liberté, (Égalité), Fraternité – b. mercredi – c. chers – d. mer – e. cet hiver.

Page 75
9. a. probabilité – b. obligation – c. conseil – d. plutôt probabilité (sauf s'ils sont obligés de se marier).
10. a. en (France) – en (Espagne) – au (Danemark) – aux (Pays-Bas) – en (Grèce) – b. d'(Allemagne) – en (Italie) – d. du (Pérou) – aux (États-Unis).

Page 76
11. c. En juillet, il fait quelle température ? – d. Le bus est climatisé ? – e. Il y a un guide francophone pendant les excursions ? – f. La soirée d'adieu est gratuite ? – g. Les boissons sont comprises dans la pension complète ou c'est en plus ?
Le blog de Tania : Tania est en Egypte, au Caire. Elle trouve que le Sphinx est beau et a l'air noble.

LEÇON 12
Page 78
1. Ils font du camping dans la montagne. Le jour, ils partent en randonnée avec leurs sacs à dos et le soir, ils plantent la tente et ils s'installent pour la nuit..

Page 79
2. *Par exemple :* Ça va ? Ici, ce n'est pas très drôle, c'est un coin perdu, on ne sait pas quoi faire.
Le soir, c'est nul : il n'y a rien. L'an dernier, c'était cent fois mieux. On s'est vraiment amusées mais pas cette année !!!

Page 80
3. Ils partent faire une excursion en montagne, ils ont l'air heureux avec leurs sacs à dos et leurs cannes de montagne. Ils sont assez sportifs.
4. profitez – découvrez – visitez – allez – dînez – dégustez.
5. deux millions deux cent vingt-neuf mille six cent vingt.

Page 81
6. habitions – prenions – c'était – étions – faisions – admiraient.
7. *Par exemple :* J'aimerais aller au bord de la mer. Je voudrais visiter Nice. Je rêve d'aller en Grèce...

Page 82
9. une plage – des coquillages – la marée basse – des pêcheurs – le port – les bateaux.
10. *Karen :* la Bretagne : c'est plus tranquille – c'est moins pollué – il fait moins chaud – c'est plus sauvage – c'est moins cher – la mer est plus belle – les côtes sont plus variées...
Guillaume : la Côte d'Azur : il fait toujours beau – l'eau est plus chaude – l'arrière-pays est superbe – on bronze plus.
Le blog de Tania : Irkoutsk est en Sibérie, à 5 200 kilomètres de Moscou. Les pêcheurs creusent un trou dans la glace.

Page 84
PHONIE/GRAPHIE
1. sans – cent – sang.
2. champagne – champêtre – champignon...
3. temporel – temporalité – temporaire...

BILAN
Page 85
1. a. Combien coûte cette tablette, s'il vous plaît ?/Vous pouvez me dire combien coûte cette tablette ?
b. Cet appartement, il mesure combien ?/Quelle est sa surface ?/ Il a quelle surface ?

c. Vous connaissez un bon cardiologue ?/Pourriez-vous m'indiquer l'adresse d'un bon cardiologue ?
2. *Par exemple :* Il y avait un grand mécontentement, la plupart des gens étaient très pauvres ; l'influence des philosophes était très importante : ils remettaient en cause la monarchie absolue...
3. a. la Suisse – b. le Pérou c. le Mexique – d. le Danemark – e. Chypre – g. la Pologne
4. *Par exemple :* Je rêve d'aller à Malte parce que j'imagine que c'est une île pleine de belles maisons anciennes, avec des fortifications et de beaux monuments. On dit qu'il y a aussi de belles plages et que le climat est exceptionnel.

UNITÉ 5
LEÇON 13
Page 86
1. On ne sait pas mais on pense plutôt à une femme (aquagym, coiffeur, manucure).
Homme ou femme d'affaires. Il ou elle voyage, a des rendez-vous d'affaires, des déjeuners d'affaires.
Très occupé(e) mais il/elle sait garder du temps pour l'opéra et la gymnastique.

Page 87
2. a.
3. Ils sont arrivés le 24 au matin, ils se sont promenés dans Nice toute la matinée et, l'après-midi, ils ont assisté à la bataille de fleurs du Carnaval. Le lendemain matin, ils sont allés à Monte-Carlo et à Monaco puis ils ont passé l'après-midi à Menton, à la Fête des citrons. Ils ont repris le train pour Parris à 17 h et sont arrivés à Paris le lendemain très tôt.

Page 88
4. a. excursion – b. aller-retour – c. départ – d. arrivée – d. visite – e. rendez-vous.
5. découvrir – partir – se reposer – réserver – visiter – se promener – sortir.

Page 89
6. a. est arrivée – sont venus – sommes restés – est reparti. b. sommes sortis – sommes allés – sommes rentrés. c. est né – est devenu – est mort.
7. a3 – b5 – c1 – d2 – e4.

Page 90
8. a. oui (quand les enfants sont rentrés) – b. oui (l'ascenseur – le 6ᵉ étage) – c. non (une humeur de chien).
9. *Par exemple :* Bien sûr, ce sacré réveil n'a pas sonné. Je n'ai même pas eu le temps de boire un café ! J'ai eu une journée épouvantable et le soir, quel spectacle : ma femme au lit, la maison en désordre, rien de prêt pour dîner. Elle aurait pu me passer un coup de fil ! Et en plus, bien sûr, les enfants étaient pires que jamais ! Quelle vie !

Page 91
11. *Par exemple :*
– Je choisis (1) pour le calme, la paix, la simplicité. C'est ça, la VRAIE France.
– Je choisis (2) parce que je ne connais pas le sud de l'Espagne, que le circuit est intéressant et qu'on visite beaucoup de superbes villes.
– Je choisis (3) parce que, depuis vingt ans, je rêve d'aller à Paris voir les musées, les jardins...

Le blog de Tania : Nous sommes en hiver. Pour Tania, New York, c'est un vieux rêve, elle trouve que c'est une très belle ville et elle aime les musées.

LEÇON 14

Page 92

1. Sans doute vers 1890 : les femmes portent des robes longues et des chapeaux.

Page 93

2. Il s'est levé à sept heures, a déjeuné, puis il a fait un peu de gymnastique comme tous les matins.
Il est parti au bureau où il est arrivé à neuf heures juste. Il a travaillé jusqu'à une heure puis il a déjeuné à la cantine avec quelques collègues. L'après-midi, après son rendez-vous avec Marc Dupin, il a discuté avec son directeur à propos d'un dossier délicat. Le soir, à six heures, il avait un rendez-vous au Quartier latin. Il a dîné seul à l'Hippopotamus puis a retrouvé son amie Sonia au Safari-Club.

Page 94

3. a. le réveil – **b.** le déjeuner – **c.** le travail – **d.** la sortie **e.** la promenade – **f.** le dîner.
4. interroge – pose – réfléchit – répond – demande – mène.
5. Il y a le son [k] dans ar**ch**éologie – **ch**aotique – **ch**œur – cœur – or**ch**idées.

Page 95

6. Je suis venu, j'ai vu, j'ai vaincu.
7. a3 – b1 – c4 – d2.
8. a. posté/confiée – **b.** vu…/achetée – cru/racontées.

Page 96

9. a. Vrai – **b.** Vrai – **c.** Faux – **d.** Vrai.
10. *Par exemple :*
Je pensais quelquefois à cette fille/… je suis retourné à Arcachon, au bord de la mer/… je l'ai revue dans un café, par hasard/ je l'ai appelée/nous nous sommes vus, revus, aimés/nous avons décidé de vivre ensemble/Marie-Lou et moi, ça dure !
Le blog de Tania : la Martinique – Saint Barthélémy (Saint Barth) – Saint Martin.
Pour faire un ti punch, il faut : du rhum – du citron vert – du sirop de sucre de canne.

LEÇON 15

Page 98

1. Il y a eu un accident (un accrochage) – Les deux hommes constatent les dégâts et l'un d'eux appelle une dépanneuse.

Page 99

2. l'employée – la jeune fille – trois individus – les malfaiteurs – les voleurs – les bandits.
3. … trois hommes sont entrés. d'ouvrir la caisse. … ils m'ont menacée. … je l'ai ouverte… ils m'ont bâillonnée et ligotée puis ils sont partis… j'ai appelé à l'aide.

Page 100

4. hold-up – fait irruption – la menace – raflé – butin – pris en otage.
5. a. longueur – longuement – longtemps – **b.** voler – voleur – **c.** prisonnier – emprisonner – **d.** séduire – séducteur.
6. a. prudemment – **b.** intensément – **c.** patiemment – **d.** violemment.

Page 101

7. *Règle :* si le verbe accepte un complément d'objet direct, l'auxiliaire est AVOIR.

8. (je) vivais – (ils) s'étaient installés, (il) avait monté – (elle) marchait – (elle) ne travaillait pas, (elle) s'occupait – j'allais, j'avais, j'étais – a changé, (ils) ont divorcé, (elle) est rentrée, (il) est resté, (il) vit – (je) vois – (on) se téléphone, (on) s'envoie…

Page 102

9. C'est une femme *(je me sentais seule, ma fille m'avait quittée, un bruit m'a réveillée).*

Page 103

10. *Par exemple :* (1) J'avais besoin de mille choses, le réfrigérateur était vide – (2) Je pensais que mes amis Robinson venaient dîner le lendemain et qu'ils apprécieraient les bonnes choses – (3) J'avais envie de penser à autre chose qu'à la nourriture – (4) Il avait un air très bizarre – (5) Il y avait un bracelet en or dans ma poche – (6) Ils étaient sûrs de tenir le/la coupable.
Le blog de Tania : Tania est professeur dans une université.

Page 104

PHONIE-GRAPHIE

a. doigt – **b.** voie – **c.** lot – **d.** sot, un sceau – **e.** fer (à repasser)

BILAN

Page 105

1. Jean B. est né à Reims en 1913. Plus tard, son père est mort à la guerre, quelques mois avant la naissance de sa petite sœur.
À dix-huit ans, il s'est engagé dans la Marine où il est passé quartier-maître en 1937 puis second-maître en 1945. C'est en 1946 qu'il a épousé Brigitte. Hélas, cinq ans plus tard, il est mort d'une insolation.
2. Les hommes chassaient en groupe puis rapportaient le gibier au campement. Les femmes faisaient cuire la viande, tannaient les peaux, s'occupaient des enfants…
3. Il y a soixante-dix ans – le 21 avril 1944 – l'année suivante – cinquante ans avant la Fance, en 1893 – dès le début du XXe siècle – quatre ans après – de 1991 à 1992.

N° de projet : 10297495
N° d'impression : 202311.0322
Dépôt légal : 2017
Imprimé en France

Achevé d'imprimer par ISIPRINT en décembre 2023